진심직설

원순 스님

해인사 백련암에서 성철 스님을 은사로 모시고 출가하여
해인사·송광사·봉암사 등 제방선원에서 정진하였다.
『명추회요』를 번역한『마음을 바로 봅시다』
『禪 스승의 편지』『한글원각경』『선요』『몽산법어』『도서』『연꽃법화경』
『선가귀감』및『금강경오가해설의』를 저자별로 번역한 여섯 권의 금강경과
선가귀감을 강설한『선 수행의 길잡이』등 다수의 불서를 펴냈으며
난해한 원효 스님의『대승기신론 소·별기』를『큰 믿음을 일으키는 글』로 풀이하였다.
현재 송광사 인월암에서 안거 중.

진심직설
참마음이란 무엇인고?

초판 발행 | 2015년 4월 15일
초판 3쇄 | 2023년 4월 5일
펴낸이 | 열린마음
역해 | 원순
편집 | 유진영
디자인 | 안현

펴낸곳 | 도서출판 법공양
등록 | 1999년 2월 2일·제1-a2441
주소 | 13150 서울시 종로구 삼봉로 81
　　　　두산위브파빌리온 836호
전화 | 02-734-9428
팩스 | 02-6008-7024
이메일 | dharmabooks@chol.com

ⓒ 원순, 2023
ISBN 978-89-89602-62-0

값 15,000원

부처님의 가르침을 올바르게 _ 도서출판 법공양

진심직설 眞心直說

● 참마음이란 무엇인고?

● 보조 지눌 … 지음
● 원순 … 역해

도서출판 법공양

한 생각에 맑은 마음 깨침을 주네

『진심직설』을 처음 본 게 1990년이었고, 그 글의 내용이 너무 좋아 2000년도 초반 공부삼아 초벌 번역을 해 놓았던 것 같습니다. 그리고는 잊고 살다 작년 가을 봉암사 태고선원 산철 정진이 해제를 며칠 앞두고 마무리 될 때쯤이었습니다.

중앙 승가대학 총장 소임을 보다 선방에 들어와 같이 살던 미산 스님이 차담을 같이 하다가 『진심직설』을 좋아한다며, 번역을 해 보면 어떻겠느냐고 뜬금없이 저에게 제안을 해 왔습니다. 마침 정진 여가에 시간이 있어서, 지니고 있던 USB에 저장되어 있는 초벌 원고를 찾아 출력하여 보여드리니, 번역이 명료하고 쉽게 풀이되어 글 읽기가 수월하다고 하면서 책으로 내자는 권유를 받게 되었습니다.

미산 스님과 함께 선방에 들어왔던 미국 햄프셔 대학교수 혜민 스님도 서로 더불어 읽어 보고 좋다하여, 두 분이 꼼꼼히 교정을 보아주신 인연으로 '진심직설 한글 번역본'이 세상에 나올 좋은 인연이 갖추어지게 된 것입니다.

조계총림 송광사 중흥조 보조지눌(1158-1210) 스님의 저서 『진심직설』은, 말 그대로 '중생이 갖추고 있는 부처님의 참마음'을 바로 눈앞에서 펼쳐 보여주는 글입니다. 이 참마음은 '말길이 끊어지고[言語道斷]' '중생의 마음 갈 곳이 사라진 곳[心行處滅]'이기에 함부로 입을 댈 수 있는 곳은 아니지만, 보조 스님께서는 부처님의 뜻에 어긋나는 잘못으로 눈썹이 빠질지도 모를 형벌을 두려워하지 않고, 오직 중생들을 위하여 이 책을 집필하셨던 것입니다. 이 『진심직설』이 담고 있는 내용을 큰 졸가리로 풀어보면 다음과 같습니다.

진심직설의 큰 졸가리

'참마음'은 부처님의 마음이다. 중생의 망념 속에 시비 분별하는 거짓 마음이 아니라, 중생의 무명을 없앤, 수행납자의 화두가 타파된 깨달음으로서 참마음이다. 영원한 행복을 찾아 중생의 고통에서 벗어나고자 하는 사람은 이 마음을 믿고 찾아나서야 한다. 이런 믿음이야말로 올바른 믿음이 된다.[眞心正信]

이 '참마음'은 보는 인연에 따라 수많은 다른 이름을 갖게 되었고[眞心異名], 망념이 사라진 '오묘한 바탕[眞心妙體]'에서는 인연에 따라 '미묘한 쓰임새[眞心妙用]'가 있게 되었다. 그 바탕과 쓰임새는 부처님의 영역과 중생의 영역에서 보는 각도에 따라 같기도 하고 다르기도 하였다[眞心體用 一異].

중생의 어리석은 마음속에도 참마음은 항상 변함없이 그대로 있는 것이지만, 먹장구름 같은 망념에 눈이 가려진 중생들은, 태양처럼 빛나는 자신의 참마음을 보지 못하고 있다[眞心在迷]. 이 참마음을 보기 위한 방편으로 보조 스님은 7장에서 열 가지 수행법을 나열하고, 인연에 맞는 자신의 수행을 찾아 공부하기를 당부하였다[眞心息妄].

이 참마음은 행주좌와 모든 삶 속에 있는 것이므로 자신의 마음을 떠나 있는 것이 아니다[眞心四儀]. 자신의 마음이 가는 곳에 참마음이 존재하는 것이므로 그 어떤 곳에서도 이 마음은 존재한다[眞心所在]. 이 참마음으로 중생의 생사를 벗어나는 것이니[眞心出死], 이 마음을 닦는 공부 방법을 인연에 맞추어 바로 가는 길인지 둘러가는 길인지를 다양하게 알아야 한다[眞心正助]. 이 공부법으로 깨달음을 이루어서, 참마음의 헤아릴 수 없이 많은 공덕이 드러나야 한다[眞心功德].

'참마음의 공덕'은 잠깐 나타났다가 사라지는 것이 아니라 불생불멸의 영원한 것이므로, 이 마음의 경계가 나타날 때 당분간 그대로 느끼고 지켜보면 그 실상이 옳은지 그른지를 알아 낼 수가 있다[眞心驗功]. 그러다 '나라는 모습에 집착함'이 없어 주객이 사라져, '아는 주체가 없는 앎'이 바로 참마음이다[眞心無知].

이 참마음은 일찍이 생겨난 적도 없고 멸한 적도 없어 불생불멸이며, 이 마음은 어디로 가는 것도 아니요, 어디에서 오는 것도 아니다. 시방세계가 오직 하나의 참마음일 뿐이요, 지금 이 자리에서 영원할 뿐이다[眞心所往]. 이 마음을 알아야 비로소 부처님의 영원한 행복이 주어진다. 바로 이 자리가 극락정토요, 부처님의 세상이다.

참사람의 향기로운 삶을 살고자

『진심직설』은 '참마음을 알아야 바른 믿음[眞心正信]'에서부터 '망념을 벗어나 참마음을 이루는 수행법[眞心息妄]', '시방세계가 오직 하나의 참마음일 뿐[眞心所往]'에 이르기까지 참마음에 관한 15가지 주제로 짜임새 있게 구성되어, '참마음'을 논리적으로 명확하게 잘 설명하고 있습니다.

이 마음을 알지 못하는 사람은 팔만대장경을 모두 챙겨 읽어도 읽은 것이라 할 수 없으니, 참마음을 환히 깨쳐야 팔만사천법문을 알고, 비로소 『진심직설』을 바로 읽게 되는 것입니다. 그러므로 부처님의 세상으로 건너가는 그 날까지, 참사람의 향기로운 삶을 살고자 하는 사람들은 이 책을 손에서 놓지 않고 옛 선사의 게송을 늘 음미해 보아야 할 것입니다.

> 若人靜坐一須臾　잠깐 동안 바로 앉아 마음 챙기면
> 勝造恒沙七寶塔　보탑 만든 공덕보다 더 뛰어나니
> 寶塔畢竟化爲塵　탑들이야 언젠가는 티끌 되지만
> 一念淨心成正覺　한 생각에 맑은 마음 깨침을 주네.

이 글을 자칫 잘못 번역한 과보로 제 눈썹이 빠질지도 모르겠습니다. 하지만 '저' 혼자만 놓고 보기에는 그 내용이 너무 아깝다고 생각하였습니다. 그래서 부처님의 아름다운 삶을 살려는 많은 분들과 이 글의 향기가 좋은 인연을 맺도록, 많이 부족하나마 부끄러운 마음으로 이 세상에 내놓습니다. 꾸지람을 받고자 눈 밝은 선지식의 통쾌한 '방'과 '할'을 두 손 모아 기다리고 있겠습니다.

2015년 봄 산철안거를 앞두고
바람 산뜻하고 햇살 따뜻한 날 송광사 푸른 산방에서
인월행자

차례

역자서문 한 생각에 맑은 마음 깨침을 주네 4

진심직설서문 '자기 본래 마음'을 보게 할 뿐 13

1장. 참마음을 알아야 바른 믿음_ 眞心正信 21

2장. 참마음의 다른 이름들_ 眞心異名 33

3장. 참마음의 오묘한 바탕_ 眞心妙體 45

4장. 참마음의 미묘한 작용_ 眞心妙用 55

5장. 참마음의 바탕과 작용은 같은 것인가, 다른 것인가

　_ 眞心體用一異 61

6장. 어리석음 속에 참마음은_ 眞心在迷 65

7장. 망념을 벗어나 참마음을 이루는 수행법_ 眞心息妄 69

　1. 마음을 살펴서 알아차리는 '각찰' 75

　2. 망념을 쉬어가는 공부 '휴헐' 77

　3. 헛된 마음만 없애고 경계는 그대로 두는 '민심존경' 79

　4. 경계를 없애고 마음만 그대로 두는 '민경존심' 81

　5. 마음도 없애고 경계도 없애는 '민심민경' 83

　6. 마음도 경계도 그대로 두는 '존심존경' 85

7. 안팎이 모두 참마음 바탕 '내외전체' 87

8. 안팎이 모두 참마음 작용 '내외전용' 89

9. 바탕 그 자체가 작용인 참마음 '즉체즉용' 91

10. 참마음의 바탕과 작용조차 벗어나야 '투출체용' 93

8장. 참마음은 행주좌와 모든 삶 속에서_ 眞心四儀 97

9장. 참마음이 있는 곳_ 眞心所在 105

10장. 참마음으로 생사를 벗어나니_ 眞心出死 109

11장. 참마음을 닦는 공부 방법은_ 眞心正助 117

12장. 참마음의 공덕_ 眞心功德 125

13장. 참마음을 시험할 때_ 眞心驗功 131

14장. '아는 주체가 없는 앎'이 참마음_ 眞心無知 135

15장. 시방세계가 오직 하나의 참마음일 뿐_ 眞心所往 147

부록 찾아보기 157

진심직설

眞心直說 序

或曰 祖師¹ 妙道 可得知乎.
혹왈 조사 묘도 가득지호

曰
왈

古不云乎. 道 不屬知 不屬不知 知是妄想 不知是無記².
고불운호 도 불속지 불속부지 지시망상 부지시무기

若眞達不疑之地 猶如太虛寬廓 豈可强是非耶.
약진달불의지지 유여태허관곽 기가강시비야

---

1. '조사'는 망념이 다 사라져 참마음을 안 선지식을 말한다.
2. '무기無記'에서 '기記'는 선인지 악인지를 판단하여 기록한다는 의미가 있다.
   그러므로 무기는 선으로 단정할 수도 없고 또한 악이라고 단정할 수도 없어 선도
   악도 아닌 성품을 말한다. 그러나 여기서 말하는 '무기'는 아무런 생각 없이 흐리
   멍덩한 상태를 뜻한다.

'자기 본래 마음'을 보게 할 뿐

문 : 조사 스님의 오묘한 도를 알 수 있습니까?

답 : 옛사람이 말하지 않았더냐. 도는 아는 것에도 속하지 않고 모르는 것에도 속하지 않으니, '안다'는 것은 '망상妄想'이요 '모른다'는 것은 '무기無記'이기 때문이다. 참으로 의심이 없는 경지를 통달했다면 툭 트인 허공 같은데, 어찌 굳이 옳다 그르다 하는 시비를 하겠느냐.

或曰 然則 諸祖出世 無益群生耶.
혹왈 연즉 제조출세 무익군생야

曰 佛祖出頭 無法與人 只要衆生 自見本性.
왈 불조출두 무법여인 지요중생 자견본성

華嚴 云 知一切法 卽心自性 成就慧身 不由他悟.
화엄 운 지일체법 즉심자성 성취혜신 불유타오

是故 佛祖 不令人泥着文字 只要休歇 見自本心.
시고 불조 불영인니착문자 지요휴헐 견자본심

所以 德山入門 便棒¹ 臨濟²入門 便喝³.
소이 덕산입문 변방 임제 입문 변할

已是探頭 太過 何更立語言哉.
이 시 탐두 태과 하 갱 입 어 언 재

---

1. 덕산선감德山宣鑑(782-865)은 속성이 주周씨로서 『금강경』을 잘 알고 있기에
주금강周金剛이라고 불렀다. 용담숭신의 법을 잇고 그의 제자로는 암두전활과
설봉의존이 있다. 당나라 무종 때 일어난 법난을 겪은 뒤로는 가는 곳마다 부처
님을 모시는 불전을 없애고 설법하는 법당만 남겨두었던 덕산 스님은 학인에게
가르침을 줄 때 누구든지 보이기만 하면 주장자로 때리면서 가르침을 주니, 뒷
날 이를 '덕산의 방棒'이라고 하였다.
2. 임제(?-867) 스님은 황벽 스님의 법통을 잇고 가르침을 펴기 시작하면서 임제종
의 종조가 되었다. 임제 스님이 학인들을 다룰 때는 깨달음의 근본 자리를 알게
하고자 '할'이란 방편을 많이 사용한 것으로 유명하다. 제자는 스물 둘이나 되었
는데 그 가운데 신라의 지리산 화상도 있었다. 그 밑으로 19세 되는 평산처림에
게 고려의 나옹 왕사가 법을 받고, 석옥청공石屋淸珙에게서 태고 국사가 법을
받아 오니 이때부터 우리나라 불교는 임제종 법맥이 큰 줄기를 이루게 되었다.
3. '할喝'은 당대 이후 선사들이 언어 이전의 도리를 나타내기 위해 납자들을 질타
하는 독특한 수단이다. 마조 스님의 '할' 소리에 백장 스님이 사흘이나 귀가 먹고
눈이 캄캄하였다는 기록이 처음인데, 뒷날 임제 스님이 제일 많이 썼기에 '임제
의 할'이라고 하였다. 임제의 '할'과 덕산의 '방'은 생멸이 없고 시비 분별이 없는
본디 그 마음자리를 단숨에 깨우쳐 주기 위한 방편이다.

문 : 그렇다면 조사 스님들이 세상에 출현하셔도 중생에게 아무런 이익이 없는 것입니까?

답 : 부처님과 조사 스님들이 세상에 나와 사람들에게 어떤 법도 준 적이 없으니, 다만 중생들 스스로 본디 성품을 보게 하였을 뿐이다.

『화엄경』에서는 "온갖 법이 마음의 자성인 줄 알면 깨달음을 이루지만, 이 깨달음은 다른 사람이 주는 것이 아니다."라고 하였다.

이 때문에 부처님과 조사 스님들은 사람들이 문자에 집착하지 않게 하고, 다만 한 생각 쉬어 '자기 본래 마음'을 보게 하였을 뿐이다.

그러므로 덕산 스님(782-865)은 누가 와서 법을 물으면 몽둥이로 때렸고, 임제 스님(?-867)은 바로 '할喝'을 하였던 것이다.

도를 머리로 생각하고 헤아리면 이미 큰 잘못이니, 무슨 말을 더 보텔 수가 있겠느냐.

或曰
혹 왈

昔聞 馬鳴¹ 造起信 六祖² 演壇經 黃梅³ 傳般若⁴
석문 마명 조기신 육조 연단경 황매 전반야

皆是漸次爲人 豈獨無方便 於法 可乎.
개시점차위인 기독무방편 어법 가호

曰
왈

妙高頂上⁵ 從來 不許量 第二峯頭 諸祖略容話會⁶.
묘고정상 종래 불허량 제이봉두 제조 약용화회

---

1. 마명 스님은 부처님 법을 이어받은 12대 조사이다. 불교 논서의 백미로 꼽히는
   그의 저서『대승기신론』은 부처님의 가르침을 체계 있게 논리화하여 모든 경과
   논을 회통시킨 책이다. 부처님의 가르침을 모르는 사람에게 대승의 참뜻을 알려
   '참마음에 대한 큰 믿음을 일으켜 주고자 하는 뜻'에서 쓴 글이다.
2. 육조혜능六祖慧能(638-712)은 중국 선종의 육대 조사로 중국 선종의 기초를
   다져놓은『육조단경』의 저자이다. 세 살 때 아버지를 여의고 집이 가난해 제대
   로 배우지 못했으나 어느 날 장터에서『금강경』읽는 소리를 듣고서 출가할 뜻을
   품고 오조홍인五祖弘忍을 찾아 가니, 스님은 혜능의 공부를 첫눈에 알아보았다.
   혜능 스님은 오조 스님에게 가사와 법을 받고 선종 조사의 지위를 잇게 되었으
   나, 그를 시기하는 무리를 피해 남쪽 땅으로 피신하여야 했다. 남쪽 땅에서 열여
   섯 해를 은둔하던 중 의봉원년 인종 법사를 만나 삭발하고 비로소 계를 받았다.
   소양의 조계산에서 선법을 크게 일으키니 견성하여 그 법을 이은 제자만 40여
   명이 되었다. 당나라 현종 개원 1년에 76세로 입적했다.
3. 오조황매(601-674)는 중국 선종의 5대 조사로서 호북성 기주 황매현 사람이다.
   열세 살 때 사조도신을 만나 30년을 모시고 살다가 법을 이었다. 주로 동산에
   있는 동선사에서 법을 폈고 74세 때 입적하였다. 시호는 대만大滿이라고 한다.
4. 여기서 말하는『반야경』은『금강반야바라밀다심경』곧『금강경』을 뜻한다.
5. '묘고봉'은 오묘하게 높은 봉우리라는 뜻인데, 자취가 없어 말길이 끊어진 부처
   님과 조사 스님의 근본 마음자리를 비유하여 표현한 것이다. 두 번째 봉우리부
   터는 경계가 드러난 곳이기에 조금이라도 설명할 수가 있는 것이다.
6. 부처님 근본 마음자리에서는 말길이 끊어져 마음에서 마음으로 전할 뿐이지만,

문 : 예전에 마명 보살은 『기신론』을 짓고,

육조(618-713) 스님은 『단경』을 설하며,

오조황매(601-674) 스님은 『반야경』을 전했다고 들었으니,

이는 다 점차로 사람들을 위하는 것인데

어찌 홀로 방편이 없으며 이것이 법에 옳은 것입니까?

답 : 묘고봉 정상에서 원래 이런저런 분별을 용납하지 않지만,

두 번째 봉우리부터는 모든 조사 스님들도 간단한 언급 정도는 허

락하느니라.

가르침 없이는 알아듣지 못하는 어리석은 중생을 교화하기 위하여 방편으로
팔만사천법문을 설하게 되었다.

或曰 敢祈 第二峯頭略垂方便耶.
혹 왈 감 기 제 이 봉 두 약 수 방 편 야

曰
왈

然哉 是言也.
연 재 시 언 야

奈何 大道玄曠 非有非無 眞心幽微 絶思絶議.
내 하 대 도 현 광 비 유 비 무 진 심 유 미 절 사 절 의

故 不得其門而入者 雖檢五千之藏教 不以爲多
고 부 득 기 문 이 입 자 수 검 오 천 지 장 교 불 이 위 다

洞曉眞心者 但出一言之擬比 早是剩法矣.
통 효 진 심 자 단 출 일 언 지 의 비 조 시 잉 법 의

今不惜眉毛¹
금 불 석 미 모

謹書數章 發明眞心 以爲入道之基漸也 是爲序.
근 서 수 장 발 명 진 심 이 위 입 도 지 기 점 야 시 위 서

---

1. 어느 절에서 부처님의 얼굴에 상처를 낸 사람이 열흘이 못가 눈썹이 모두 빠져버
렸다는 고사에서 나온 말인데, 예로부터 선문禪門에서는 진리를 잘못 거론하다
가는 눈썹이 빠진다는 이야기가 있다. '불석미모'란 말 그대로 눈썹을 아까워하
지 않는다는 것이니, 눈썹이 빠질지도 모르지만 두려워하지 않고 중생을 위해서
언어를 방편으로 불법을 이야기한다는 뜻이다.

문 : 바라옵건대 두 번째 봉우리에서 간단한 가르침을 내려주시옵
소서.

답 : 그렇다. 그런 표현이 옳은 것이다.
큰 도는 넓고도 그윽하여 있는 것도 아니요 없는 것도 아니며,
참마음은 깊고도 미묘하여 온갖 말과 생각이 다 끊어졌으니,
여기에서 어찌 하겠는가.

그러므로 그 문 안에 들어가지 못한 사람은,
팔만대장경을 모두 챙겨 읽었더라도 많다고 할 수 없는 것이요,
참마음을 환히 깨친 사람은,
다만 한마디 말을 던지는 것도 벌써 군더더기 법이니라.

이제 부처님의 뜻에 어긋나는 잘못으로 눈썹이 빠질지도 모를 형
벌을 두려워하지 않고, 중생을 위하여 힘이 닿는 대로 삼가 몇 장
의 글을 써 참마음을 드러내고자 하니, 이것으로 도에 들어가는 기
반을 삼길 바라면서 이 글로『진심직설』의 서문을 삼는다.

眞心正信

華嚴云
화엄운

信爲道源功德母 長養一切諸善根.
신위도원공덕모 장양일체제선근

又 唯識[1]云
우 유식 운

信如水淸珠 能淸濁水故.
신여수청주 능청탁수고

是知 萬善發生 信爲前導.
시지 만선발생 신위전도

故 佛經首立如是我聞[2]生信之所謂也.
고 불경 수립여시아문 생신지소위야

---

1. 『성유식론』은 당나라 현장玄奘 스님이 인도 세친 보살의 '유식삼십론송唯識三十論頌'에 대한 십대논사의 주석서를 가려 엮어 번역한 책이다.
2. '여시如是'에서 '여如'는 이 경의 내용이 부처님의 가르침과 똑같다고 가리키는 뜻이요, '시是'는 이 뜻을 결정하는 말이다. 아난이 스스로 "이와 같은 법을 저는 부처님께 들었습니다."라고 하는 것은 이 경전이 자신의 설법이 아니라 부처님 말씀이라는 것을 강조하는 것이다.

1장. 참마음을 알아야 바른 믿음

『화엄경』에서는
"믿음은 도의 근원이요 공덕의 어머니가 되고, 영원토록 온갖 착한 마음의 뿌리를 길러낸다."라고 하였으며,

또 『성유식론』에서는
"믿음은 물을 맑히는 구슬 곧 '수청주水淸珠'와 같으니, 탁한 번뇌를 깨끗이 정화할 수 있기 때문이다."라고 하였다.

이것으로 알아야 하니, '믿음'은 온갖 좋은 일이 생기는 데 앞장서는 길잡이가 된다.

그러므로 부처님 경전 첫머리를 "저는 이와 같이 들었습니다.[如是我聞]"라고 시작하는 것은, 이 경전이 부처님 말씀임을 의도적으로 강조하여 믿게 하는 것이다.

或曰 祖門之信 與敎門信 有何異耶.
혹왈 조문지신 여교문신 유하이야

曰 多種不同.
왈 다종부동

敎門[1] 令人天 信於因果.
교문 영인천 신어인과

有愛福樂者 信十善[2] 爲妙因 人天爲樂果[3].
유애복락자 신십선 위묘인 인천위낙과

有樂空寂者
유요공적자

信生滅因緣爲正因 苦集滅道爲聖果[4].
신생멸인연위정인 고집멸도위성과

有樂佛果者
유요불과자

信三劫六度[5]爲大因 菩提涅槃爲正果.
신삼겁육도 위대인 보리열반위정과

---

1. 부처님께서 중생들이 법을 알아듣게 그들의 근기에 맞추어서 가르침을 준 것을 '교敎'라고 한다. 다시 말해 부처님이 임시방편으로 온갖 이름을 부처님의 마음 자리에 갖다 붙여 설명한 것이다. 이것들이 모여 팔만대장경이 된다.
2. '열 가지 선'은 '열 가지 악'의 반대 개념이다. 열 가지 악은 살아 있는 것을 죽이는 것, 도둑질, 나쁜 인간 관계를 만드는 것, 거짓말, 이간질, 거친 말, 꾸민 말, 탐욕, 성냄, 삿된 소견을 말한다.
3. 사람들에게 나쁜 짓을 하지 말고 부처님의 계율을 지키면서 좋은 일만 하라고 일러주는 '인천교人天敎'에 대한 설명이다. 지혜롭지 못한 사람들을 위하여 부처님이 쓰신 자비로운 방편이다.
4. 중생 삶에 대한 집착을 떠나 온갖 번뇌를 끊는 '공空' 체험으로써 부처님 세상을 찾으라는 가르침에 대한 설명이다. 그런데 이 뜻을 잘못 알고 오로지 공空에만 집착하는 어리석음을 범하기에 '소승교'라고 한다.
5. '육도六度'는 보시·지계·인욕·정진·선정·지혜 '육바라밀'을 말한다.

문 : 선가의 믿음과 교학의 믿음에 어떤 차이점이 있습니까?

답 : 여러 가지로 많이 다르다.

교학에서는 인천人天으로 하여금 인과를 믿게 한다. 복덕의 즐거움을 좋아하는 사람이 있다면, 그들에게 '열 가지 착한 일[十善]'이 오묘한 인因이 되어, 그 결과로 인간이나 천상에 태어나는 복덕의 즐거움을 받는다는 것을 믿게 한다.

공적空寂을 즐기는 사람이 있다면, 그들에게 생멸의 인연을 아는 것이 올바른 인因이 되어, 그 결과로 고집멸도苦集滅道의 진리를 터득하여 이승의 성스런 과보를 받는다는 것을 믿게 한다.

부처님의 세상을 즐기는 사람이 있다면, 그들에게 오랜 세월 쉬지 않고 실천하는 육바라밀이 성불하는 인因이 되어, 그 결과로 '깨달음의 열반'을 얻어 성불의 올바른 과보를 받는다는 것을 믿게 한다.[1]

---

1. '대승교大乘敎'를 말하는 것으로, 많은 중생들과 함께 부처님의 세상으로 가겠다는 원력을 세워 육바라밀을 실천하는 보살들을 위한 가르침을 말한다. 여기서는 교학의 가르침으로 인천교, 소승교, 대승교를 설명하고 있다.

祖門正信 非同前也.
조 문 정 신 비 동 전 야

不信一切有爲因果 只要信自己本來是佛.[1]
불 신 일 체 유 위 인 과 지 요 신 자 기 본 래 시 불

天眞自性 人人具足 涅槃妙體 箇箇圓成
천 진 자 성 인 인 구 족 열 반 묘 체 개 개 원 성

不假他求 從來自備.[2]
불 가 타 구 종 래 자 비

三祖[3] 云
삼 조 운

圓同太虛 無欠無餘
원 동 태 허 무 흠 무 여

良由取舍 所以不如.
양 유 취 사 소 이 불 여

---

1. '돈교頓教'에 대한 설명이다. '돈교'란 소승이다 대승이다 말들을 하지만 사실
   '한 생각 돌이키면 서있는 그 자리가 모두 부처님의 세상'이라는 가르침이다.
2. '원교圓教'에 대한 설명이다. '원교'란 이 세상은 그 자체가 안팎으로 하나도 부
   족함이 없는 오롯3한 부처님의 세상이라는 것이다. 대표적인 경전이 『화엄경』
   과 『법화경』이다. 부처님께서는 이 도리를 『화엄』에서 "참으로 놀랍고 놀랍
   도다. 모든 중생들이 다 여래의 지혜와 공덕을 갖추고 있는데도 분별망상 때문
   에 그것을 알지 못하는구나."라고 말씀하셨다.
3. 삼조승찬三祖僧璨(?-606)은 중국 선종 3대 조사로서 휘는 승찬, 시호는 감지鑑
   智이다. 문둥병에 시달리던 승찬 스님은 마흔 살에 혜가 스님을 찾아가 법을 구
   하고 깨달음을 얻어 법을 전해 받았다. 승찬 스님은 이 『신심명』에서 양변을
   여읜 '중도中道'를 역설하고 있다. 양변이란 '미움과 사랑' '거역과 순종' '옳음과
   그름' 같은 일상생활에서 쓰는 상대적 개념을 말하는데, 중생의 시비분별로 이
   루어진 한쪽으로 치우친 견해를 말한다.

선가에서 말하는 바른 믿음은 앞에서 말한 내용과는 다르다.

온갖 유위법에서 말하는 인과를 믿지 않고, 오직 '자기가 본래 부처님'이라는 것을 믿으라고 할 뿐이다.

'본디 천진한 자신의 성품'은 사람마다 다 갖추고 있고, '열반의 오묘한 바탕'은 누구나 오롯하게 이루고 있으니, 이는 다른 사람의 힘을 빌려 구하는 것이 아니라, 본래 자신에게 다 갖추어져 있다는 것이다.

이것을 삼조승찬(?-606) 스님은 『신심명』에서 이렇게 말씀하셨다.

> 지극한 도 오롯하여 큰 허공 같아
> 부족하고 넘치는 게 없는 법인데
> 취하거나 버리려는 마음 있기에
> 그로 인해 여여 하지 않게 된다네.

誌公¹ 云
지공 운

有相身中無相身 無明路上無生路.
유상신중무상신 무명로상무생로

永嘉² 云
영가 운

無明實性卽佛性 幻化空身 卽法身.
무명실성즉불성 환화공신 즉법신

故知 衆生本來是佛 旣生正信 須要解滋.
고지 중생본래시불 기생정신 수요해자

永明³ 云
영명 운

信而不解 增長無明 解而不信 增長邪見
신이불해 증장무명 해이불신 증장사견

故知 信解相兼 得入道疾.
고지 신해상겸 득입도질

---

1. 지공화상(418-514)은 보지대사寶誌大師로 불렸으며 양무제가 지공 스님에게
   금강경 법문을 청하자 스님은 사양하며 부대사를 추천하기도 하였다.
2. 영가현각永嘉玄覺(665-713) 영가는 호이고 자字는 명도明道이며 별호는 숙각
   宿覺이다. 여덟 살에 출가하여 경전을 많이 보았고 특히 천태지관天台止觀에
   밝았다. 뒤에 『유마경』을 읽다가 얻은 바가 있었고 조계에 가서 육조 스님께
   인가를 받았다. 저서에 『선종영가집』『증도가』『관심십문』 등이 전한다.
3. 영명(904-975) 스님은 오대 말 송나라 초기 스님인데 법안종 제3조이면서도
   정토종淨土宗 제6조이고 법명은 연수이다. 서른 살에 출가하여 천태덕소의 법
   을 받았다. 영명사에서 하루 일과를 정해 놓고 꼬박꼬박 염불을 매일 10만 번
   독송하였다고 한다. 연수 스님은 유식, 화엄, 천태종 스님들을 모아 놓고 이 스님
   들이 인도와 중국의 성현 200여 명의 저서를 열람하면서 서로 묻고 답한 내용들
   을 정리하여 『종경록宗鏡錄』 백 권을 만들었다.

지공(418-514) 스님은 이렇게 말씀하셨다.

'생멸의 모습이 있는 몸' 속에 '생멸의 모습이 없는 몸'이요,
'생사가 있는 무명의 길' 위에 '생사가 없는 무생無生'의 길이다.

영가(665-713) 스님도 『증도가』에서 다음과 같이 말씀하셨다.

> 무명 실제 참 성품이 불성이면서
> 허깨비와 같은 이 몸 법신이라네.

그러므로 중생이 본래 부처님인 줄 알아야 한다. 이미 바른 믿음을
내었다면 모름지기 이 내용을 폭 넓게 잘 이해해야 한다.

영명(904-975) 스님께서는
"믿기만 하고 알지 못하면 무명無明만 늘 것이요, 알기만 하고 믿
지 못하면 삿된 견해만 많아질 것이다."라고 하였으니,

그러므로 믿음과 앎이 모두 갖추어져야만 빨리 도에 들어갈 수 있
다는 것을 알아야 한다.

或曰 初發信心 未能入道 有利益不.
혹왈 초발신심 미능입도 유이익부

曰 起信論¹ 云
왈 기신론 운

若人 聞是法已 不生怯弱 當知 是人定紹佛種 必爲諸佛之所授
약인 문시법이 불생겁약 당지 시인정소불종 필위제불지소수

記. 假使有人 能化三千大千世界² 滿中衆生 令行十善 不如有
기 가사유인 능화삼천대천세계 만중중생 영행십선 불여유

人 於一念頃 正思惟此法 過前功德 不可爲喩.
인 어일념경 정사유차법 과전공덕 불가위유

又 般若經 云
우 반야경 운

乃至 一念生淨信者 如來 悉知悉見
내지 일념생정신자 여래 실지실견

是諸衆生 得如是無量福德.
시제중생 득여시무량복덕

---

1. 『기신론』의 마지막 부분으로 수행의 이익을 보여 주어 공부할 것을 권하는 '권수
   이익분'의 내용이다.
2. 수미산이 중심이 되어 그 주위를 사대주와 구산팔해九山八海가 둘러싸고 있는
   것이 하나의 소세계이고 이것이 천 개 모이면 소천세계이다. 이 소천세계가 천
   개 모이면 중천세계가 되고 이 중천세계가 천 개 모이면 대천세계가 된다. 이
   대천세계는 소·중·대의 세 가지 천 개 세계가 모여 되었으므로 삼천대천세계
   라고 한다. 모든 중생계를 다 합쳐서 말한 것이라고 보면 된다.

문: 처음으로 깨달음을 얻고자 믿음을 내었지만 아직 도에 들어가지 못했는데 무슨 이익이 있겠습니까?

답: 『기신론』에서는 "만약 어떤 사람이 이 법을 듣고도 겁을 내지 않는다면, 으레 이 사람은 부처님의 가르침을 이어받아 반드시 모든 부처님께서 수기할 것임을 알아야 한다. 설사 어떤 사람이 삼천대천세계에 가득한 중생들을 교화하여 열 가지 좋은 삶을 실천하게 하더라도, 이 사람의 공덕은 어떤 사람이 잠시나마 이 법을 올바르게 사유하는 공덕만 못하다. 중생을 교화한 공덕보다 올바르게 사유하는 공덕이 훨씬 더 뛰어나므로 비교할 수 있는 것이 아니다."라고 하였다.

또 『반야경』에서는 "한 생각에 깨끗한 믿음을 내는 사람을 여래께서는 다 알고 보시므로, 이 모든 중생들은 이와 같은 헤아릴 수 없이 많은 복덕을 얻는다."라고 하였다.

是知 欲行千里 初步要正 初步若錯 千里俱錯.
시지 욕행천리 초보요정 초보약착 천리구착

入無爲國 初信要正
입무위국 초신요정

初信旣失 萬善俱退.
초신기실 만선구퇴

故 祖師 云
고 조사 운

毫釐有差 天地懸隔[1] 是此理也.
호리유차 천지현격 시차리야

___

1. 『신심명』에서 많이 인용되는 구절이다.
　　毫釐有差호리유차 털끝만한 차이라도 있게 된다면
　　天地懸隔천지현격 하늘과 땅 거리만큼 멀어지리니
　　欲得現前욕득현전 이 자리서 참다운 도 얻고자 하면
　　莫存順逆막존순역 좇아가고 거스르는 마음 없애라.

천리 길을 가고자 하면 첫걸음의 방향이 올발라야 하니, 이것으로 첫걸음이 어긋나면 천리 길이 틀어진다는 사실을 알아야 할 것이다.

더 할 일이 없는 부처님의 나라 '무위국無爲國'에 들어가는 것도 처음 낸 믿음이 올발라야 하니 첫 믿음이 잘못되면 온갖 좋은 일들이 다 수행에서 멀어지기 때문이다.

그러므로 승찬 스님이 『신심명』에서 "털끝만한 차이라도 어긋난다면 하늘과 땅 차이만큼 멀어진다."라고 말한 것이 바로 이 이치이다.

眞心異名

或曰 已生正信 未知 何名眞心.
혹왈 이생정신 미지 하명진심

曰
왈

離妄名眞 靈鑑曰心 楞嚴經[1] 中 發明此心.
이망명진 영감왈심 능엄경 중 발명차심

或曰 但名眞心 別有異號耶.
혹왈 단명진심 별유이호야

曰 佛教祖教 立名不同.
왈 불교조교 입명부동

且佛教者 菩薩戒[2] 呼爲 心地 發生萬善故.
차불교자 보살계 호위 심지 발생만선고

般若經 喚作 菩提 與覺爲體故.
반야경 환작 보리 여각위체고

---

1. 『능엄경』에서는 마음이 어디에 있는가 하고 찾으면서, 보는 것 자체가 마음이며 그 마음에 분별이 없을 때 그것이 바로 '부처님'이라고 이야기한다. 『능엄경』은 『대불정수능엄경』이나 『수능엄경』이라고도 한다. 10권으로 되어 있다. 당나라 반자밀제의 번역이다.
2. 『범망경』은 불교의 계율을 설한 경전으로 여기서 '보살계'는 『범망경』을 지칭한다.

2장. 참마음의 다른 이름들

문: 바른 믿음을 냈다고는 하지만, 아직 무엇을 '참마음'이라 하는지 알지 못하니 가르쳐 주시옵소서.

답: 허망함을 떠난 것을 '참'이라 하고, 신령스럽게 아는 것을 '마음'이라고 하니, 『능엄경』에서는 이 마음을 드러내 가르치고 있다.

문: 오직 참마음이라고만 부르는 것입니까, 아니면 따로 다른 이름도 갖고 있습니까?

답: 부처님의 가르침과 조사 스님의 가르침에서 내세우는 이름이 다르다. 부처님의 가르침 『범망경』 보살계에서는 '심지心地'라고 부르니, 이 마음자리에서 온갖 좋은 일들을 다 드러내기 때문이다. 『반야경』에서는 '보리'라고 부르니, 깨달음으로 그 바탕을 삼기 때문이다.

華嚴經 立爲 法界 交徹融攝故.
화엄경 입위 법계 교철융섭고

金剛經 號爲 如來 無所從來故.
금강경 호위 여래 무소종래고

般若經 呼爲 涅槃 聖所歸故.
반야경 호위 열반 성소귀고

金光明¹ 號曰 如如 眞常不變故.
금광명 호왈 여여 진상불변고

淨名經² 號曰 法身 報化依止故.
정명경 호왈 법신 보화의지고

起信論 名曰 眞如 不生不滅故.
기신론 명왈 진여 불생불멸고

涅槃經³ 呼爲 佛性 三身⁴ 本體故.
열반경 호위 불성 삼신 본체고

---

1. 『금광명경』은 참회하는 법, 업장의 소멸, 사천왕에 의한 국가의 보호, 불법을
   보호하는 국왕의 공덕, 이 경을 설하고 독송하는 이의 공덕에 대해 설한 경으로
   4권으로 되어 있다.
2. 『정명경』은 불이법문을 설한 대표적인 경전으로『유마경』의 다른 이름이다.
3. 『열반경』은『대반열반경大般涅槃經』의 약칭이다. 부처님의 입멸에 대하여 설
   한 경전인데 대승과 소승의 두 가지가 있다.
4. 부처님에게는 세 가지 몸이 있다. 첫 번째는 법신法身이니 오롯한 마음으로서
   깨달음이요, 두 번째는 보신報身이니 온갖 좋은 일들이 다 감응된 것이며, 세
   번째는 화신化身이니 인연 따라 그 모습이 드러난 것이다. 법신은 진신이라고도
   하며 비로자나 부처님을 가리킨다. 보신은 노사나 부처님, 화신은 석가모니 부
   처님이다.

『화엄경』에서는 '법계法界'라고 부르니, 모든 법이 서로 철저하게 녹아들어 서로 하나가 되어 거두어들이기 때문이다.

『금강경』에서는 '여래如來'라고 부르니, 어디에서도 좇아 온 바가 없기 때문이다.

『반야경』에서는 '열반'이라 부르니, 모든 성현들이 귀의하는 곳이기 때문이다.

『금광명경』에서는 '여여如如'라 부르니, 참되고 영원하여 변하지 않기 때문이다.

『정명경』에서는 '법신法身'이라 부르니, 보신과 화신이 의지하는 곳이기 때문이다.

『기신론』에서는 '진여眞如'라고 부르니, 참으로 여여 하여 생멸하는 일이 없는 '불생불멸'이기 때문이다.

『열반경』에서는 '불성佛性'이라 부르니, 이 부처님 성품이 법신·보신·화신의 본바탕이기 때문이다.

圓覺[1]中 名曰 總持 流出功德故.
원각 중 명왈 총지 유출공덕고

勝鬘經[2] 號曰 如來藏 隱覆含攝故.
승만경 호왈 여래장 은부함섭고

了義經[3] 名爲 圓覺 破暗獨照故.
요의경 명위 원각 파암독조고

由是 壽禪師 唯心訣[4]云
유시 수선사 유심결 운

一法千名 應緣立號.
일법천명 응연입호

備在衆經 不能具引.
비재중경 불능구인

---

1. 『대방광원각수다라요의경大方廣圓覺修多羅了義經』을 줄여서 『원각경』이나
   『요의경』이라 부른다. '대방광원각'은 『화엄경』의 '대방광불大方廣佛'과 같은
   뜻으로 '불佛'을 '각覺'이라 부른 것은 '자타自他의 각覺'이 원만한 것을 의미하
   니, 이것이 곧 『원각경』에서 말하는 '원각圓覺'이다. '수다라요의경'은 수많은
   경전 가운데 따로 요의了義를 취하여서 바로 그 근기에 해당하는 사람을 가르친
   다는 뜻이다.
2. 본이름은 『승만사자후일승대방편방광경勝鬘師子吼一乘大方便方廣經』으로
   대승 경전 가운데 『능가경』과 더불어 여래장 사상을 천명한 경인데 신라시대
   이후 매우 널리 유통되어온 불교경전이다.
3. 『요의경』은 앞서 말했듯 『원각경』을 말한다.
4. 『유심결』은 불교 선종의 유심사상을 해설하는 글로 중국 북송 시대에 영명연수
   永明延壽 선사가 지은 책이다.

『원각경』에서는 모든 것을 다 지니고 있는 '총지總持'라고 부르니, 온갖 공덕이 다 여기에서 흘러나오기 때문이다.

『승만경』에서는 '여래장如來藏'이라 부르니, 눈에 보이지 않으면서도 온갖 것을 다 거두어들이기 때문이다.

『요의경』에서는 '원각圓覺'이라 부르니, 어둠을 타파하여 홀로 온 세상을 비추기 때문이다.

이로 말미암아 연수延壽 선사는 『유심결』에서 "한 가지 법에 천 가지 만 가지 이름이 있는 것은 온갖 중생의 인연에 맞추어서 명호를 내세웠기 때문이다."라고 하였다.

이런 명호가 모든 경전에 다 갖추어져 있지만, 너무 많아 여기에서 이름을 모두 다 인용할 수는 없다.

曰 佛敎已知 祖敎何如.
왈 불교이지 조교하여

曰
왈

祖師門下 杜絶名言 一名不立 何更多名 應感隨機 其名亦衆.
조사문하 두절명언 일명불립 하갱다명 응감수기 기명 역중

有時 呼爲 自己 衆生本性故.
유시 호위 자기 중생본성고

有時 名爲 正眼 鑑諸有相故.
유시 명위 정안 감제유상고

有時 號曰 妙心 虛靈寂照故.
유시 호왈 묘심 허령적조고

有時 名曰 主人翁[1] 從來荷負故.
유시 명왈 주인옹 종래하부고

有時 呼爲 無底鉢 隨處生涯故.
유시 호위 무저발 수처생애고

---

1. '주인옹主人翁'은 우리 마음의 주인공을 말한다. 주인공은 곧 부처님 마음이다.
  서암瑞巖 화상은 날마다 혼자 스스로 다음과 같이 묻고서 대답했다고 한다.
  "주인공아!" "예"
  "마음이 깨어 있거라." "예"
  "뒷날 다른 사람에게 속지 마라." "예"

문: 부처님의 가르침은 알겠는데 조사 스님의 가르침은 어떤 것입니까?

답: 조사 스님의 가르침은 말과 개념이 모두 끊어져 한 가지 이름도 내세우지 않으니, 어찌 많은 이름이 있겠느냐마는, 중생의 근기에 맞추어서 갖춘 이름들이 또한 많다.

어떤 때는 '자기'라고 부르니, 중생의 본디 성품이기 때문이다.

어떤 때는 바른 안목 '정안正眼'이라 부르니, 모든 존재의 모습 속에 있는 실상을 바르게 알기 때문이다.

어떤 때는 오묘한 마음 '묘심妙心'이라 부르니, '텅 빈 고요'에서 모든 것을 신령스럽게 비추기 때문이다.

어떤 때는 '주인공'이라 부르니, 예로부터 본디 이것이 세상의 모든 것을 짊어지고 다니기 때문이다.

어떤 때는 바닥이 보이지 않는 그릇 '무저발無底鉢'이라 부르니, 어느 곳으로 가든 이것으로 먹고 살 수 있기 때문이다.

有時 喚作 沒絃琴 韻出今時故.
유 시 환 작 몰 현 금 운 출 금 시 고

有時 號曰 無盡燈 照破迷情故.
유 시 호 왈 무 진 등 조 파 미 정 고

有時 名曰 無根樹 根帶堅牢故.
유 시 명 왈 무 근 수 근 대 견 뢰 고

有時 呼爲 吹毛劒 截斷塵根故.
유 시 호 위 취 모 검 절 단 진 근 고

有時 喚作 無爲國 海晏河淸故.
유 시 환 작 무 위 국 해 안 하 청 고

有時 號曰 牟尼珠 濟益貧窮故.
유 시 호 왈 모 니 주 제 익 빈 궁 고

어떤 때는 줄이 없어도 소리를 내는 거문고 '몰현금沒絃琴'이라 부르니, 온갖 운율들이 바로 지금 이 자리에서 끊임없이 흘러나오기 때문이다.

어떤 때는 영원히 밝은 등불 '무진등無盡燈'이라고 부르니, 어둡고 어리석은 생각들을 끊임없이 타파하며 밝혀주기 때문이다.

어떤 때는 뿌리 없는 나무 '무근수無根樹'라 부르니, 근본이 아주 견고하고 탄탄하여 흔들림이 없기 때문이다.

어떤 때는 날아다니는 아주 작은 터럭조차 베어버리는 칼 '취모검吹毛劍'이라 부르니, 알아차릴 수 없는 아주 미세한 번뇌의 뿌리까지 다 끊어내기 때문이다.

어떤 때는 없애야 할 번뇌가 하나도 없는 나라 '무위국無爲國'이라 부르니, 맑고 고요한 강이나 바다처럼 없애야 할 번뇌가 하나도 없는 마음이기 때문이다.

어떤 때는 끊임없이 보물이 나오는 '모니주牟尼珠'라 부르니, 중생들을 이롭게 하여 그들의 가난을 빠짐없이 구제하기 때문이다.

有時 名曰 無鐺鎖 關閉六情故.
유시 명왈 무수쇄 관폐육정고

乃至 名
내지 명

泥牛 木馬[1]
니우 목마

心源 心印 心鏡 心月 心珠 種種異名 不可具錄.
심원 심인 심경 심월 심주 종종이명 불가구록

若達眞心 諸名盡曉 昧此眞心 諸名皆滯.
약 달 진 심 제 명 진 효 매 차 진 심 제 명 개 체

故 於眞心 切宜子細.
고 어 진 심 절 의 자 세

---

1. '목마木馬', '니우泥牛'란 표현은 『원오불과선사어록』에도 나온다.
井底泥牛吼月정저니우후월 우물 밑에 진흙 소가 달을 보며 울고 있고
雲間木馬嘶風운간목마시풍 구름 사이 목마울음 바람결에 실려 있어
把斷乾坤世界파단건곤세계 하늘과 땅 이 세계를 움켜잡고 반쪽 내니
誰分南北西東수분남북서동 사방팔방 동서남북 그 누군들 나누리오.

어떤 때는 열쇠 없는 자물쇠 '무수쇄無鬚鎖'라고 하니, 제멋대로 날뛰는 육근의 알음알이 문을 닫아 못나오게 하기 때문이다.

나아가 진흙 소 '니우泥牛', '목마木馬', 마음의 근원 '심원心源', 부처님의 마음 도장 '심인心印', 거울처럼 밝은 마음 '심경心鏡', 보름달처럼 환하게 지혜로운 마음 '심월心月', 빛나는 마음 구슬 '심주心珠'라고 하여 온갖 다른 이름들이 있지만, 너무 많아서 여기에 그것을 다 기록할 수는 없다.

진심을 통달하면 모든 이름의 뜻을 다 알게 되지만, 이 진심에 어두우면 모든 이름에 다 걸리게 된다.

그러므로 참마음에서 부디 그것이 무엇인지 잘 살피고 살펴야 할 것이다.

眞心妙體

或曰 眞心 已知名字 其體如何耶.
혹 왈 진 심 이 지 명 자 기 체 여 하 야

曰 放光般若經 云 般若[1] 無所有相 無生滅相.
왈 방 광 반 야 경 운 반 야 무 소 유 상 무 생 멸 상

起信論 云
기 신 론 운

眞如自體者 一切凡夫[2] 聲聞緣覺[3] 菩薩[4] 諸佛 無有增減
진 여 자 체 자 일 체 범 부 성 문 연 각 보 살 제 불 무 유 증 감

非前際生 非後際滅 畢竟常恒. 從本已來性自滿足 一切功德.
비 전 제 생 비 후 제 멸 필 경 상 항 종 본 이 래 성 자 만 족 일 체 공 덕

---

1. 반야般若는 범어 'Prajna'의 음역인데 지혜라고 번역한다. 보통 부처님의 세상을
알 수 있는 최상의 지혜를 말한다.
2. '범부凡夫'는 보통 사람들을 말한다. 수행의 위치에서 말하면 아직 고집멸도苦
集滅道도 제대로 이해하지 못하였으며 그들은 무명 때문에 업을 짓고 그 과보를
받아야 하므로 자유롭지 못하고 온갖 나쁜 길로 떨어지게 된다. 이 중생들은
육도六道에서 받는 과보에 따라 온갖 다른 모습을 가지고 태어나기 때문에 이생
異生이라 말하기도 한다. 아직 도道를 만나보지 못한 사람이다.
3. 부처님이 말씀하시는 법을 직접 듣고서 고집멸도 사제의 이치에 의지하여 깨달음
을 얻은 사람은 '성문승'이라고 하고, 부처님의 가르침을 직접 듣지는 못했지만
홀로 십이인연의 이치를 관찰하여 깨달음을 얻은 사람은 '연각승'이라고 한다.
4. '보살'은 위로는 지혜로써 깨달음을 구하고 밑으로는 자비로 모든 중생을 제도
하기 위하여 육바라밀을 실천하는 수행자다.

3장. 참마음의 오묘한 바탕

문 : 이미 '참마음'이란 이름을 알았는데, 그 바탕은 어떤 것입니까?

답 :『방광반야경』에서는 "반야에 어떤 모습이 없어 생멸하는 모습이 없다."라고 하였다.

『기신론』에서는 "진여 자체는 범부·성문·연각·보살·부처님 그 누구에게도 더 보태거나 뺄 것이 없으니, 과거에 생긴 것도 아니요, 미래에 없어질 것도 아니어서 언제나 변함이 없다. 본래부터 본디 성품 그 자체에 온갖 공덕을 다 갖추고 있다."라고 하였다.

據此經論 眞心本體
거차 경론 진심 본체

超出因果 通貫古今 不立凡聖 無諸對待.
초출 인과 통관 고금 불립 범성 무제 대대

如太虛空 徧一切處
여태 허공 변일 체처

妙體凝寂 絶諸戲論.
묘체 응적 절제 희론

不生不滅 非有非無 不動不搖 湛然常住.
불생 불멸 비유 비무 부동 불요 담연 상주

喚作 舊日主人翁
환작 구일 주인 옹

名曰 威音那畔¹人
명왈 위음 나반 인

又名曰 空劫前自己.
우 명왈 공겁 전자 기

一種平懷 無纖毫瑕翳
일종 평회 무섬 호하 예

一切山河大地 草木叢林 萬象森羅 染淨諸法 皆從中出.
일체 산하 대지 초목 총림 만상 삼라 염정 제법 개종 중출

---

1. '위威'는 '색色'으로 보고 '음音'은 '성聲'으로 보니, '위음'은 보통 태초의 색과
   소리가 처음 생기는 자리로서 본바탕과 현상의 경계이다. 위음나반은 위음왕불
   저쪽의 일이란 뜻으로 '이 세상에 소리와 모양이 있기 전의 본디 그 자리'인 '깨달
   음의 세계'를 말한다.

이들 경론에 의하면 '참마음'의 본바탕은 인과를 벗어나고, 고금古今을 관통하며, 범부와 성인을 내세우지 않아 조금도 서로 대립할 것이 없다.

이는 마치 커다란 허공이 모든 곳에 두루 하지만, 오묘한 바탕이 언제나 고요하여 쓸데없는 논쟁이 다 끊어진 것과 같다.

생겨나는 것도 아니요 없어지는 것도 아닌 '불생불멸'이요, 있는 것도 아니요 없는 것도 아닌 '비유비무'이며, 조금도 움직이거나 흔들림이 없이 맑고 깨끗하며 늘 상주하는 것이다.

이를 일러 '예로부터 있던 주인공'이라 부르기도 하고, '이 세상에 소리와 모양이 있기 전의 본디 그 자리에 있는 사람'이라 부르기도 하며, '우주에 시간과 공간이 펼쳐지는 모든 세월이 있기 전부터의 자기'라고도 한다.

오직 이 한 가지 평등한 마음만 품고 사니 눈을 가리는 번뇌가 조금도 없어 산하대지, 초목총림, 삼라만상, 좋고 나쁜 온갖 법이 모두이 가운데에서 나온다.

故 圓覺經 云 善男子 無上法王 有大陀羅尼門 名爲圓覺.
고 원각경 운 선남자 무상법왕 유대다라니문 명위원각

流出 一切淸淨眞如 菩提涅槃 及波羅蜜[1] 敎授菩薩.
유출 일체청정진여 보리열반 급바라밀 교수보살

圭峯[2] 云
규봉 운

心也者 沖虛妙粹 炳煥靈明 無去無來 冥通三際.
심야자 충허묘수 병환영명 무거무래 명통삼제

非中非外 洞轍十方 不滅不生 豈四山之可害
비중비외 통철시방 불멸불생 기사산지가해

離性離相 奚五色之能盲.
이성이상 해오색지능맹

---

1. '바라밀波羅蜜'은 'Paramita'의 음역인데 부처님 세상으로 건너간다는 뜻이다.
   육바라밀은 보시·지계·인욕·정진·선정·지혜 이 여섯 가지 수행을 통하여
   부처님 세상으로 간다는 것이다.
2. 규봉종밀圭峯宗密(780-841)은 중국 화엄종 제5조로서 당나라 스님인데 성은
   하씨이고 휘는 종밀, 호가 규봉圭峰이며 시호는 정혜定慧이다. 807년 과거시험
   을 보러가다가 도원道圓 스님의 법문을 듣고 출가하였다. 스님은 일찍이 선종
   사람들이 자신만이 옳다고 주장하며 서로 다투는 것을 보고『선원제전집』100
   권을 저술하여 선종과 교종이 근본에 있어서는 하나의 이치로 통하고 있다는
   것을 정리하여 선교일치禪敎一致를 주장하였다. 지금은 없어진『선원제전집』
   의 서문 격인『선원제전집도서』는 후학들에게 선과 교에 대한 안목을 열어주는
   매우 훌륭한 책이다.

그러므로 『원각경』에서 "선남자여, 무상법왕無上法王 부처님에게는 큰 다라니 문이 있어 이를 '원각'이라 한다. 여기서 모든 맑고 깨끗한 진여, 보리와 열반, 바라밀 등 온갖 것이 흘러나와 보살들을 가르친다."라고 하였다.

규봉(780-841) 스님은 말한다.

"마음이란 텅 빈 듯 오묘하고 순수하며 신령스런 빛이 나니, 오고 감이 없어 눈에 보이지는 않지만 과거 현재 미래에 다 통한다. 안이나 밖에 있는 것도 아니면서 시방세계에 툭 트이고, 생멸하는 것도 아니니, 어찌 중생의 생로병사로써 이 마음을 해칠 수 있겠는가. 어떤 성품이나 어떠한 모습도 떠나 있으니 어찌 온갖 경계로 이 마음의 눈을 가릴 수 있겠는가."

故 永明 唯心訣 云
고 영명 유심결 운

夫此心者 衆妙群靈而普會 爲萬法之王 三乘五性[1]而冥歸 作
부차심자 중묘군령이보회 위만법지왕 삼승오성 이명귀 작

千聖之母. 獨尊獨貴 無比無儔實大道源 是眞法要.
천성지모 독존독귀 무비무주 실대도원 시진법요

信之則
신지즉

三世菩薩 同學 盖學此心也
삼세보살 동학 개학차심야

三世諸佛 同證 盖證此心也
삼세제불 동증 개증차심야

一大藏敎 詮顯 盖顯此心也.
일대장교 전현 개현차심야

一切衆生 迷妄 盖迷此心也.
일체중생 미망 개미차심야

一切行人 發悟 盖悟此心也.
일체행인 발오 개오차심야

一切諸祖 相傳 盖傳此心也.
일체제조 상전 개전차심야

天下納僧 參訪 盖參此心也.
천하납승 참방 개참차심야

---

1. '삼승'은 성문승·연각승·보살승이며 '오성五性'은 이승성二乘性·보살성菩薩
性·불성佛性·부정성不定性·외도성外道性을 말한다. '삼승오성'은 모든 중생
들을 근기에 따라 나누어 놓은 것이다.

그러므로 영명 선사는 『유심결』에서 말한다.

"이 마음이란 온갖 오묘하고 신령스러운 것들이 두루 모이니 만법의 왕이 되고, 모든 중생이 알게 모르게 귀의하니 뭇 성현의 어머니가 된다. 홀로 존귀하여 비교할 것이 없으니 실로 '큰 도의 원천'으로서 '참다운 법의 요체'이다."

이를 믿는다면
과거 현재 미래의 보살들이 배우는 것도 똑같이
이 마음을 배우는 것이요,
과거 현재 미래의 모든 부처님께서 증득하는 것도 똑같이
이 마음을 증득하는 것이며,
팔만대장경의 가르침에서 드러내려고 하는 것도
이 마음을 드러내는 것이다.

모든 중생이 미혹하여 허망한 것도 이 마음을 모르기 때문이요,
모든 수행자가 깨닫는 것도 이 마음을 깨닫는 것이다.

모든 조사 스님이 서로 전하는 법도 이 마음을 전하는 것이요,
천하 납자들이 선지식을 찾아다니는 것도 이 마음을 찾아다니는
것이다.

達此心則 頭頭皆是 物物全彰
달 차 심 즉 두 두 개 시 물 물 전 창

迷此心則 處處顚倒 念念痴狂.
미 차 심 즉 처 처 전 도 염 념 치 광

此體是一切衆生 本有之佛性 乃一切世界 生發之根源.
차 체 시 일 체 중 생 본 유 지 불 성 내 일 체 세 계 생 발 지 근 원

故 世尊鷲峯 良久[1] 善現岩下 忘言
고 세 존 취 봉 양 구 선 현 암 하 망 언

達磨少室 壁觀 居士毘耶 杜口[2].
달 마 소 실 벽 관 거 사 비 야 두 구

悉皆發明 此心妙體.
실 개 발 명 차 심 묘 체

故 初入祖門庭者 要先識此心體也.
고 초 입 조 문 정 자 요 선 식 차 심 체 야

---

1. 영취산에서 법회를 보고 있을 때 부처님께서는 하늘에서 떨어지는 꽃 한 송이를 갑자기 집어 들고 대중에게 보였다. 대중들은 모두 느닷없이 일어난 부처님의 이런 행동이 무슨 뜻인지를 몰라 어리둥절해 하는데 오직 가섭만이 부처님의 뜻을 알아차리고는 빙그레 웃었다. 이때 부처님께서 "나에게 정법안장 열반묘심 실상무상 미묘법문 불립문자 교외별전이 있는데 이 모든 것을 가섭에게 전하겠노라."라고 말씀하셨다. 이것을 '영취산 법회에서 꽃을 집어 들어 보이고 잠깐 침묵하였다'는 '영산회상거염화靈山會上擧拈花'라고 한다.

2. 유마 거사는 부처님 당시의 훌륭한 재가 신도이다. 『유마경』 '입불이법문품入不二法門品'에 보면 유마 거사가 비사리국 비야리성에서 문수 보살에게 침묵으로써 '불이법문'을 설한 부분이 나온다. '불이법문不二法門'이란 대립하는 두 존재가 본질적으로 볼 때는 '둘이 아니다'라는 내용을 설한 법문이다.

이 마음을 통달하면 눈에 보이는 사물 하나하나가 다 이 마음이니
모두 빛이 나는 것이요,
이 마음에 미혹하면 가는 곳마다 전도되어 생각 하나하나가 어리
석어져 사리분별을 하지 못한다.

이 바탕이 모든 중생이 본디 갖고 있는 불성이며, 온갖 세계가 드
러나는 근원이다.

그러므로 세존께서는 영취산에서 꽃을 들고 잠깐 침묵하였고, 수
보리 존자는 바위 아래에서 말을 잊었으며, 달마 대사는 소림굴에
서 벽을 마주 하였고, 유마 거사는 비야리에서 입을 다문 것이다.

이는 모두 이 마음의 오묘한 바탕을 드러내었기 때문이다.

그러니 처음 조사의 문안에 들어간 사람들은 먼저 이 마음의 바탕
을 알아야 한다.

眞心妙用

或曰 妙體已知 何名妙用耶.
혹왈 묘체이지 하명묘용야

曰 古人云
왈 고인 운

風動心搖樹 雲生性起塵.
풍동심요수 운생성기진

若明今日事 昧却本來人 乃妙體起用也.[1]
약명금일사 매각본래인 내묘체기용야

眞心妙體 本來不動 安靜眞常.
진심묘체 본래부동 안정진상

眞常體上 妙用現前 不妨隨流得妙.
진상체상 묘용현전 불방수류득묘

故 祖師[2] 頌云
고 조사 송운

心隨萬境轉 轉處實能幽 隨流認得性 無喜亦無憂.
심수만경전 전처실능유 수류인득성 무희역무우

---

1. 체體는 바탕이요, 용用은 작용이니 이는 마치 등불과 불빛의 관계에서 등불이라
   는 바탕 자체의 쓰임새가 불빛이지만, 불빛의 작용 그대로가 등불인 것과 같다.
   등불은 체體가 되고 불빛은 용用이 된다.
2. 마라나 존자는 부처님의 법을 이은 제22조로서 바수반두를 만나 출가하였다.

4장. 참마음의 미묘한 작용

문 : 참마음의 오묘한 바탕은 알겠는데 미묘한 작용은 무엇입니까?

답 : 옛 스님께서 "바람이 부니 마음은 나무를 흔들고, 푸른 하늘에서 구름이 생기니 맑은 성품은 티끌을 일으킨다. 만약 오늘 일을 밝히려고 한다면, '본디 사람'을 모르는 것이다."라고 하였으니, 이는 참마음이 오묘한 바탕에서 미묘한 작용을 일으키는 것이다.

진심의 오묘한 바탕은 본래 움직이지 않아 편안하고 고요하며 참으로 영원하다. 참으로 영원한 바탕 위에서 미묘한 작용이 드러나니, 인연의 흐름 속에서 오묘한 도리를 얻게 되는 것을 방해하지 않는다. 그러므로 마라나 존자께서 게송으로 말한다.

마음이 온갖 경계 따라 가면서
가는 곳곳 빠짐없이 그윽한 이치
인연의 흐름 속에 참 성품 알면
기쁘거나 슬플 것도 전혀 없다네.

故 一切時中 動用施爲 東行西往 喫飯着衣
고 일체시중 동용시위 동행서왕 끽반착의

拈匙弄筯 左顧右眄 皆是眞心妙用現前.
염시농저 좌고우혜 개시진심묘용현전

凡夫 迷倒 於着衣時 只作着衣會 喫飯時 只作喫飯會
범부 미도 어착의시 지작착의회 끽반시 지작끽반회

一切事業 但隨相轉.
일체사업 단수상전

所以 在日用而不覺 在目前而不知.
소이 재일용이불각 재목전이부지

若是識性底人 動用施爲 不曾昧却.
약시식성저인 동용시위 부증매각

故 祖師 云
고 조사 운

在胎名神 處世名人. 在眼觀照 在耳聽聞 在鼻臭香.
재태명신 처세명인 재안관조 재이청문 재비취향

在口談論 在手執捉 在足運奔. 徧現 俱該法界 收攝 在一微塵.
재구담론 재수집착 재족운분 변현 구해법계 수섭 재일미진

知之者 爲是佛性 不識者 喚作精魂.
지지자 위시불성 불식자 환작정혼

그러므로 모든 삶 속에서 오고 가며 먹고 입고 수저를 놀리면서 오른쪽 왼쪽 돌아보는 모든 행동들이 다 참마음의 미묘한 작용이 드러나는 것이다.

범부들이 어리석어 옷 입을 때 옷 입는 것에만 매달리고, 밥 먹을 때 밥 먹는 것에만 매달리니, 모든 일들이 다만 그 모습에만 집착하여 따라간다.

그러므로 일상생활 속에서 참마음을 깨닫지 못하고 눈앞에 있어도 알지 못한다.

만약 참 성품을 아는 사람이라면, 일찍부터 움직이는 모든 삶이 참마음의 미묘한 작용인 줄 언제나 환하게 안다.

그러므로 조사 스님께서 "태에 있으면 신령스런 태기라 하고 세간에 있으면 사람이라 한다. 눈에 있으면 경계를 보고 귀에 있으면 소리를 듣고 코에 있으면 냄새를 맡는다. 입에 있으면 말을 하고 손에 있으면 물건을 잡고 발에 있으면 몸을 움직여 달리고 걸어간다. 두루 나타나면 법계를 싸안지만 거두어들이면 한 티끌 속에 들어간다. 이를 깨달은 사람에게는 불성이 되고, 모르는 사람은 영혼이라 부르기도 한다."라고 하였다.

所以
소이

道悟¹舞笏 石鞏²拈弓 秘魔擎杈 俱胝竪指
도오 무홀 석공 염궁 비마 경차 구지 수지

欣州打地 雲岩³師子 莫不發明 這着大用
흔주타지 운암 사자 막불발명 저착대용

於日用不迷 自然縱橫無碍也⁴
어일용불미 자연 종횡무애야

---

1. 천왕도오天王道悟(748-807)는 당나라 스님으로 서른네 살 때 석두 스님에게 가서 크게 깨치고 10년 동안 그의 곁에 있으면서 법을 이었다. 그는 키가 크고 풍채가 당당했으며, 존비귀천을 가리지 않고 방문객들을 앉아서 맞이하였다. 당나라 헌종 원화 2년 4월에 며칠 앓더니, 원주를 불러 큰 소리로 "알겠는가?" 하고 물었다. 원주가 "모르겠습니다." 하니 목침을 방바닥에 내동댕이치고 그대로 입적하였다. 그때 나이 60세였다.
2. 석공 스님은 마조 스님의 제자로 본래 활을 쏘던 사냥꾼이었다. 마조 스님의 가르침을 받고 난 뒤 법을 물으면 활을 쏘는 시늉을 하였다.
3. 운암담성雲巖曇晟(782-841)은 당나라 스님으로 약산 스님의 법을 이어 담주 운암산에서 가르침을 펴며 크게 선풍을 일으켰다. 그가 회창 1년 60세로 입적할 때 동산 스님이 물었다. "뒷날 누가 스님의 자취를 보자고 하면 어떻게 할까요?" 말없이 한참 고개를 숙이고 있던 운암 스님이 말하기를, "이 이치는 아주 자세히 생각해야 하네."라고 했다. 동산 스님은 훗날 강을 건너다 운암 스님의 참뜻을 깨치고 나서, 그때 법을 설파해 주지 않았던 운암 스님의 은혜에 크게 감격했다고 한다.
4. 선사들이 이러한 방편을 쓰는 까닭은 생멸이 없고, 나고 죽음이 없으며, 시비분별이 없는 본디 그 마음자리를 단박에 깨우쳐 주기 위함이다. 모든 시비와 분별을 떨치고 단숨에 참마음을 깨닫게 하는 것을 선가에서 생명으로 삼고 있기에, 온갖 인연을 꿰뚫고 아우르면서 법을 쓰는 것이 거침없고 자유자재하여 일정한 법칙이 없다.

그러므로 도를 물으면

도오(748-807) 스님은 부채를 들고 춤을 추었고[道吾舞笏],
석공 스님을 활을 들고 쏘는 시늉을 하였으며[石鞏拈弓],

비마 스님은 삼지창을 들고 상대방의 목에 들이밀었고[秘魔擎杈],
구지 스님은 손가락을 세웠으며[俱胝竪指],

흔주 스님은 나무막대기로 땅을 두드렸고[欣州打地],
운암(782-841) 스님은 사자놀이를 하였으니[雲岩師子],

이 모두 참마음의 미묘한 작용을 드러내지 않은 것이 없어, 일상생
활에서 어리석지 않기에 자연스럽게 어디에도 걸림이 없었다.

眞心體用一異

或曰 眞心體用 未審 是一是異耶.
혹왈 진심체용 미심 시일시이야

曰 約相則 非一 約性則 非異.
왈 약상즉 비일 약성즉 비이

故 此體用 非一非異. 何以知然. 試爲論之.
고 차체용 비일비이 하이지연 시위론지

妙體不動 絶諸對待 離一切相
묘체부동 절제대대 이일체상

非達性契證者 莫測其理也.
비달성계증자 막측기리야

妙用隨緣 應諸萬類 妄立虛相 似有形狀.
묘용수연 응제만류 망립허상 사유형장

約此有相無相故 非一也.
약차유상무상고 비일야

5장. 참마음의 바탕과 작용은 같은 것인가, 다른 것인가

문: 참마음의 오묘한 바탕과 미묘한 작용은 같은 것입니까, 다른 것입니까?

답: '모양'을 가지고 말하면 같은 것이 아니요, '성품'을 가지고 말하면 다른 것도 아니다. 그러므로 오묘한 바탕과 미묘한 작용은 같은 것도 아니요, 다른 것도 아니다. 그런 줄 어떻게 알 것인가? 이를 말해 보겠다.

오묘한 바탕은 움직이지 않고 온갖 분별이 끊어져 모든 상에 대한 집착을 떠났으므로, '참 성품'을 통달하여 그것과 하나가 되어 깨친 사람이 아니라면 그 이치를 헤아릴 수가 없다. 미묘한 작용은 온갖 인연에 따라 허망하게 허상을 만들어내므로 어떤 형상이 있는 듯하다. 여기서 참마음의 바탕과 작용은 유상有相과 무상無相을 기준하여 말하고 있으므로 같은 것이 아니다.

又 用從體發 用不離體 體能發用 體不離用.
우 용종체발 용불이체 체능발용 체불이용

約此不相離理故 非異也.
약차불상이리고 비이야

如水 以濕爲體 體無動故
여수 이습위체 체무동고

波 以動爲相 因風起故.
파 이동위상 인풍기고

水性波相 動與不動故 非一也
수성파상 동여부동고 비일야

然 波外無水 水外無波 濕性是一故 非異也.
연 파외무수 수외무파 습성시일고 비이야

類上體用一異 可知矣.
류상체용일이 가지의

또 작용이 바탕에서 생기므로 작용은 바탕을 떠나지 않고, 바탕이 작용을 낼 수 있으므로 바탕은 작용을 떠나지 않는다. 이는 서로 떠나지 않는 이치를 기준하여 말하고 있으므로 다른 것이 아니다.

마치 물이 그 습기로 바탕을 삼는 것은 '습기 그 바탕'이 변함이 없기 때문이요, 파도가 그 움직임으로 모습을 삼는 것은 바람으로 인하여 파도가 일어나기 때문이다.

물의 성품과 파도의 모습은 '동動'과 '부동不動'의 관계이므로 같은 것이 아니요, 그러나 파도 이외에 따로 물이 없고 물 이외에 따로 파도가 없어, '습기의 성품'으로서 같으므로 다른 것도 아니다.

이런 예로 '바탕'과 '작용'이 '같고 다르다는 차이점'을 알 수가 있다.

眞心在迷

或曰 眞心體用 人人具有 何爲聖凡不同耶.
혹왈 진심체용 인인구유 하위성범부동야

曰 眞心 聖凡本同 凡夫 妄心認物 失自淨性 爲此所隔
왈 진심 성범본동 범부 망심인물 실자정성 위차소격

所以 眞心不得現前.
소이 진심부득현전

但如暗中樹影 地下流泉 有而不識耳.
단여암중수영 지하유천 유이불식이

故 經云
고 경운

善男子 譬如淸淨 摩尼寶珠[1] 映於五色 隨方各現
선남자 비여청정 마니보주 영어오색 수방각현

諸愚癡者 見彼摩尼 實有五色.
제우치자 견피마니 실유오색

善男子 圓覺淨性 現於身心 隨類各應
선남자 원각정성 현어신심 수류각응

彼愚癡者 說淨圓覺 實見如是身心自相 亦復如是.
피우치자 설정원각 실견여시신심자상 역부여시

---

1. '마니보주'는 '여의주'라고도 하며 투명한 보배구슬을 말한다.

6장. 어리석음 속에 참마음은

문 : 참마음의 바탕과 작용을 사람마다 다 갖추고 있는데, 어찌 범부와 성인이라는 차별이 있습니까?

답 : 참마음은 범부와 성인이 본래 같은 것이지만, 범부들은 헛된 마음으로 사물을 인식하여 자신의 맑고 깨끗한 성품을 잃어버려 이것이 장애가 되니, 그러므로 참마음이 눈앞에 드러날 수가 없다.

다만 그늘 속의 나무 그림자나 땅 속에 흐르는 물처럼 있더라도 알지 못할 뿐이다.

그러므로 『원각경』에서는 "선남자여, 비유하면 깨끗하고 투명한 여의주에 다섯 가지 색이 비추어 보는 방향에 따라 제각각 색깔이 나타나면, 어리석은 사람들은 모두 여의주에 실제 다섯 가지 색깔이 있다고 착각하는 것과도 같다. 선남자여, 원각의 맑고 깨끗한 성품이 몸과 마음을 드러내 중생의 종류에 따라 각각 반응하면, 저 어리석은 사람들이 청정한 원각에서 이처럼 몸과 마음 스스로 모습을 실제 본다고 착각하는 것도 이와 같다."라고 하였다.

肇論[1] 云
조론 운

乾坤之內 宇宙之間 中有一寶 秘在形山[2] 此乃眞心在纏也.
건곤지내 우주지간 중유일보 비재형산 차내진심재전야

又 慈恩[3] 云
우 자은 운

法身本有 諸佛共同
법신본유 제불공동

凡夫 由妄覆 有而不覺 煩惱纏裏 得如來藏名.
범부 유망부 유이불각 번뇌전리 득여래장명

裴公[4] 云 終日圓覺而未嘗圓覺者 凡夫也.
배공 운 종일원각 이미상원각자 범부야

故知 眞心 雖在塵勞 不爲塵勞所染 如白玉投泥 其色不改也.
고지 진심 수재진로 불위진로소염 여백옥투니 기색불개야

---

1. 『조론』은 중국 진晉나라 승조僧肇(384-414) 스님의 저서이다.
2. '형산形山'은 육신을 비유해서 표현한 것이다.
3. 자은(632-682) 스님은 중국 당나라 스님으로 법상종法相宗의 개조이다. 이름은 규기窺基, 성은 위지尉遲, 자는 공도供道이다. 장안 출생으로 17세에 출가하여 현장의 제자가 되어 역경에 종사하였다. 자은 대사 또는 대승기大乘基라고도 하는데 그의 선조는 중앙아시아 출신이다. 현장의 『성유식론』 번역에 참가하고 이를 대성시켜 사실상 법상종의 창시자가 되었다. 그의 저서로는 『성유식론술기』 『대승법원의림장大乘法苑義林章』 등이 있다.
4. 배휴(797-870)는 중국 당나라 재상으로 규봉종밀 선사와 황벽희운 선사에게 가르침을 받았다. 황벽 선사의 어록을 모아 『황벽산 단제선사 전심법요黃檗山斷際禪師傳心法要』를 편찬하였다.

『조론』에서는 "하늘과 땅 이 우주 안에, 하나의 보배가 중생의 몸에 숨어 있다."라고 하니, 이는 참마음이 번뇌 속에 있다는 뜻이다.

또 자은(632-682) 스님께서는 "법신이 본디 있어 모든 부처님이 다 똑같은데, 범부들은 헛된 생각에 덮여 있음으로 말미암아 법신이 있어도 깨닫지 못하니, 법신이 번뇌 속에 감추어져 있다고 하여 '여래장'이라는 이름을 얻게 되었다."라고 하였다.

배휴(797-870)는 "언제나 종일토록 맑고 깨끗한 부처님의 세상인데도 아직 그것을 알지 못하는 사람이 범부이다."라고 하였다.

그러므로 참마음이 번뇌 속에 있더라도 번뇌에 물들지 않음을 알아야 하니, 이는 마치 흰 옥이 진흙 속에 던져져도 그 색이 바뀌지 않는 것과 같다.

眞心息妄

或曰 眞心在妄 則是凡夫 如何得出妄成聖耶.
혹왈 진심재망 즉시범부 여하득출망성성야

曰 古云
왈 고운

妄心無處 卽菩提 生死涅槃 本平等.
망심무처 즉보리 생사열반 본평등

經 云
경 운

彼之衆生 幻身滅故 幻心亦滅
피지중생 환신멸고 환심역멸

幻心滅故 幻塵亦滅
환심멸고 환진역멸

幻塵滅故 幻滅亦滅
환진멸고 환멸역멸

幻滅滅故 非幻不滅.
환멸멸고 비환불멸

譬如磨鏡 垢盡明現.
비여마경 구진명현

7장. 망념을 벗어나 참마음을 이루는 수행법

문 : 참마음이 망념에 있다면 범부인데, 어떻게 망념을 벗어나 성인이 될 수 있겠습니까?

답 : 옛 스님께서는 "헛된 마음이 없는 곳이 깨달음이요, 생사와 열반이 본디 평등하다."라고 하였고,

또 『원각경』에서도 말하였다.
"저 중생의 허깨비 같은 '몸'이 없어지므로,
몸에 집착하던 허깨비 같은 '마음'도 없어지고,
허깨비 같은 '마음'이 없어지므로,
마음이 보는 허깨비 같은 '경계'도 없어지며,
허깨비 같은 '경계'가 없어지므로,
이 경계를 없앤다는 마음도 없어지고,
이 경계를 없앤다는 마음조차 없어지니,
허깨비 아닌 참마음만 없어지지 않는다.
이는 마치 거울의 먼지를 다 닦아 없애니 밝은 거울이 나타나는 것과 같다."

永嘉 亦云
영가 역운

心是根 法是塵 兩種猶如鏡上痕
심시근 법시진 양종유여경상흔

痕垢盡時光始現 心法雙忘性卽眞
흔구진시광시현 심법쌍망성즉진

此乃出妄而成眞也.
차내출망이성진야

或曰 莊生 云
혹왈 장생 운

心者 其熱燋火 其寒凝氷. 其疾俯仰之間 再撫四海之外
심자 기열초화 기한응빙 기질부앙지간 재무사해지외

其居也淵而靜 其動也懸而天者 其惟人心乎.
기거야연이정 기동야현이천자 기유인심호

此 莊生 先說 凡夫心不可治伏 如此也.
차 장생 선설 범부심불가치복 여차야

未審 宗門 以何法 治妄心也.
미심 종문 이하법 치망심야

曰 以無心法 治妄心也.
왈 이무심법 치망심야

영가 스님도 『증도가』에서 말한다.

> 마음에서 분별하고 법은 경계라
> 이 둘 모두 거울 위의 티끌 같으니
> 티끌 흔적 사라지면 광명 드러나
> 마음과 법 다 잊으니 참다운 성품.

이것이 망념에서 벗어나 참마음을 이루는 것이다.

문: 장자는 "마음이란 뜨겁기가 불타는 것과 같고 차갑기는 얼음 덩어리와 같다. 빠르기는 잠깐사이 천하를 두어 번 돌고, 가만히 있을 때는 한없이 고요하며, 움직일 때는 하늘 저 멀리까지 가 매달려 있는 것이 오직 사람의 마음일진저."라고 했습니다.

이는 장자가 무릇 범부의 마음은 이처럼 다스려 조복받기 어려움을 먼저 말한 것입니다. 알지 못하겠습니다. 종문에서는 어떤 법으로 헛된 마음을 다스립니까?

답: '무심'으로 허망한 마음을 다스린다.

或曰
혹왈

人若無心 便同草木 無心之說 請施方便.
인약무심 변동초목 무심지설 청시방편

曰 今云 無心 非無心體 名無心也 但心中無物 名曰無心.
왈 금운 무심 비무심체 명무심야 단심중무물 명왈무심

如言空瓶 瓶中無物 名曰空瓶 非瓶體無 名空瓶也.
여언공병 병중무물 명왈공병 비병체무 명공병야

故祖師云
고 조사 운

汝但 於心無事 於事無心 自然 虛而靈 寂而妙 是此心旨也.
여단 어심무사 어사무심 자연 허이령 적이묘 시차심지야

據此則 以無妄心 非無眞心妙用也.
거차즉 이무망심 비무진심묘용야

從來 諸師 說做無心功夫 類各不同
종래 제사 설주무심공부 류각부동

今總大義 略明十種.
금총대의 약명십종

문 : 사람에게 마음이 없다면 나무나 풀과 같은데도 무심에 대해 말씀하시니, 청하옵건대 방편을 베풀어 다시 가르쳐 주옵소서.

답 : 지금 말한 '무심'은 마음 자체가 없음을 무심이라 한 것이 아니라, 다만 '마음속에 그 무엇도 없는 것'을 무심이라 할 뿐이다. 이는 빈 병이라 할 때, 병 안에 아무것도 없음을 빈 병이라 하니, 병 자체가 없음을 일러 빈 병이라 하지 않는 것과 같다.

그러므로 조사 스님께서 "그대가 다만 마음에 무엇을 한다는 생각이 없이, 하는 일에 분별하는 마음이 없으면, 마음은 자연스레 텅 비고 고요하며 신령스러우면서 오묘하다."라고 하니, 이것이 '무심'의 참뜻이다.

이 말에 따르면 '무심'은 헛된 마음이 없는 것이지, 참마음의 미묘한 작용이 없는 것이 아니다.

예로부터 모든 조사 스님들이 말씀하신 무심 공부를 지어가는 것이 종류에 따라 다르지만, 지금 대의를 총괄하여 간단하게 열 가지로 밝히고자 한다.

一日 覺察

謂 做功夫時 平常絶念 堤防念起 一念纔生 便與覺破.
위 주공부시 평상절념 제방념기 일념재생 변여각파

妄念覺破 後念不生 此之覺智 亦不須用.
망념각파 후념불생 차지각지 역불수용

妄覺俱忘 名曰 無心.
망각구망 명왈 무심

故 祖師云
고 조사 운

不怕念起 只恐覺遲
불파념기 지공각지

又 偈云
우 게운

不用求眞 唯須息見
불용구진 유수식견

此是息妄功夫也.
차시식망공부야

1. 마음을 살펴서 알아차리는 '각찰'

첫째는 마음을 살펴서 망념을 알아차리는 '각찰覺察'이니,
이는 공부할 때 평소 잡념을 끊고 망념이 일어나는 것을 막기 위하
여 한 생각이 일어나자마자 바로 알아차리고 망념을 없애는 것을
말한다.

망념을 알아차려 없애고 다음 생각이 일어나지 않으면, 망념을 살
펴 알아차리는 지혜 '각지覺智'도 쓸 필요가 없다.

망념과 '각지覺智'가 다 함께 사라진 것, 이를 일러 '무심'이라 한다.

그러므로 조사 스님께서는 "망념이 일어나는 것을 두려워 말고
다만 이를 알아차리는 것이 더딜까 걱정하라."라고 말씀하시고,
또 『신심명』 게송에서는 "참된 법을 구한다고 애쓰지 말고 오직
하나 삿된 견해 쉬어야 한다."라고 하였으니,

이것이 망념을 알아차려 망념을 쉬는 공부이다.

二日 休歇

謂 做功夫時
위 주공부시

不思善不思惡¹ 心起便休 遇緣便歇.
불사선불사악 심기변휴 우연변헐

古人 云
고인 운

一條白練去 冷湫湫地去 古廟裏香爐去²
일조백연거 냉추추지거 고묘리향로거

直得絕廉纖 離分別 如痴似兀 方有少分相應
직득절염섬 이분별 여치사올 방유소분상응

此休歇妄心功夫也.
차 휴헐망심공부야

---

1. 육조 스님은 혜명 스님에게 "좋은 것도 생각하지 않고 나쁜 것도 생각하지 않는 바로 이때에 어느 것이 그대의 본디 모습인고?[不思善 不思惡 正與麼時 那箇是明 上座本來面目]"라고 법문을 하였다. 맑고 깨끗한 부처님 마음자리가 되면 중생의 혼탁한 시비분별이 끊어져 선도 악도 생각하지 않는다.

2. 석상 스님의 '칠거七去'에서 인용한 것이다. '거去'는 뜻이 없는 조사이다. '냉추 추지거冷湫湫地去'에서 '지地' 역시 뜻이 없는 조사이다.

2. 망념을 쉬어가는 공부 '휴헐'

둘째는 망념을 쉬는 '휴헐休歇'이니,
이는 공부할 때 '선善'도 생각하지 않고 '악惡'도 생각하지 않아,
마음 일으키는 것을 쉬고 인연을 만나는 것도 쉬어버리는 것을
말한다.

옛 스님께서 "한 폭의 흰 비단처럼, 맑고 차가운 강물처럼, 오래된
절의 향로처럼 흔적이 없는 고요한 마음을 챙겨, 바로 미세한 망상
을 끊고 분별하는 마음을 떠나서 말뚝처럼 어리석은 듯해야, 비로
소 조금 통할 것이 있으리라."라고 하셨으니,

이것이 '망념을 쉬는 공부'이다.

三 泯心存境

謂做功夫時 於一切妄念俱息 不顧外境 但自息心.
위 주공부시 어일체망념 구식 불고외경 단자식심

妄心已息 何害有境.
망심이식 하해유경

即古人 奪人不奪境法門也.[1]
즉고인 탈인불탈경법문야

故有語云 是處有芳草 滿城無故人
고유어운 시처유방초 만성무고인

又龐公[2]云 但自無心於萬物 何妨萬物常圍繞
우방공 운 단자무심어만물 하방만물상위요

此是泯心存境 息妄功夫也.
차시민심존경 식망공부야

---

1. 이 글에서 보조 스님은 임제 스님의 '사료간'을 인용하여 근기 따라 망심을 살피는 공부를 설파하고 있다. '사료간'에서 사람은 없애나 경계를 없애지 않는 '탈인불탈경奪人不奪境'은 낮은 근기를 상대하고, 경계를 없애나 사람을 없애지 않는 '탈경불탈인奪境不奪人'은 중간 근기를 상대하며, 사람과 경계를 다 없애는 '인경구탈人境俱奪'은 높은 근기를 상대하고, 사람과 경계를 다 살리는 '인경구불탈人境俱不奪'은 뛰어난 대장부를 상대한다.
2. 방룡龐 거사(?-808)는 마조도일의 제자이며 형주 양양 사람으로 당 원화 초에 석두 희천에게 깨달은 바가 있었고 뒤에 마조도일에 의하여 조사선을 깨쳤다. 임종할 때 딸 영조를 시켜 해 그늘이 오시午時가 되거든 말해 달라고 부탁했다. 딸이 "지금 오시가 되었는데 일식을 합니다." 하니, 거사가 평상서 내려 문밖에 나가 보았다. 그 동안 영조가 거사의 평상 위로 올라가 앉아서 입적하였다. 이를 보고 거사는 웃으면서 "내 딸이 솜씨가 빠르구나." 하고 7일 뒤에 입적하였다고 한다. 그때 거사를 방옹龐翁이라 칭하였고 후세에 '양양 방대사'라 불렀다.

3, 헛된 마음만 없애고 경계는 그대로 두는 '민심존경'

셋째는 '민심존경泯心存境'이니,
이는 공부할 때 온갖 망념을 다 함께 쉬는 자리에서, 바깥 경계를
돌아보지 않고 다만 스스로 헛된 마음만 쉴 뿐이다. 헛된 마음이
이미 쉬어짐에, 어찌 여기 해가 될 경계가 있겠는가.

이것이 곧 옛 스님께서 말씀하신, 분별하는 사람을 없애고 경계는
그대로 둔다는 '탈인불탈경奪人不奪境' 법문이다.

그러므로 어떤 사람은
"이 성벽 안에 아름다운 풀꽃이 있어 가득한데
옛 사람들이 없구나."라고 하며,

또 방 거사는
"다만 스스로 만물에 무심하면 만물이 늘 나를 에워싼들
무슨 방해될 것이 있겠는가."라고 하였으니,

이것이 망념을 쉬는 공부 '민심존경泯心存境'으로 헛된 마음만 없
애고 경계는 그대로 두는 것이다.

四 泯境存心

謂 做功夫時 將一切內外諸境 悉觀爲空寂
위 주 공부시 장 일체내외제경 실관위공적

只存一心 孤標獨立.
지존일심 고표독립

所以 古人云 不與萬法爲侶 不與諸塵作對.
소이 고인 운 불여만법위려 불여제진작대

心若着境 心卽是妄 今旣無境 何妄之有.
심약착경 심즉시망 금기무경 하망지유

乃眞心獨照 不碍於道 卽古人奪境不奪人也.
내진심독조 불애어도 즉고인탈경불탈인야

故有語云 上園花已謝 車馬尙騈闐
고 유어 운 상원화이사 거마상병전

又云 三千劒客 今何在 獨計莊周致太平[1]
우 운 삼천검객 금하재 독계장주 치태평

此是泯境存心 息妄功夫也.
차시민경존심 식망공부야

---

1. 장주는 '장자莊子'를 말한다. 장자의 '설검편說劍篇'을 보면 장자가 삼천 검객을
거느리며 검투를 일삼던 문왕에게 세 가지 검을 비유로 제왕의 도리를 설하여
문왕이 검투를 그만 두게 하였다는 내용이 나온다.

4. 경계를 없애고 마음만 그대로 두는 '민경존심'

넷째는 '민경존심泯境存心'이니,
이는 공부할 때 안팎의 모든 경계를 다 공적空寂이라고 보고 다만
마음 하나만 바로 세워 그대로 두는 것을 말한다.

그러므로 옛 스님께서는 "모든 법을 짝하지 않고 온갖 경계를 상
대하지 않는다."라고 하였다.

경계에 집착하면 그 마음이 곧 망념이나, 지금 경계가 없으니 여기
에 어떤 망념이 있겠는가. 이에 참마음만 환히 비추어 도를 장애하
지 않으니, 곧 옛 스님께서 말씀하신 '경계를 없애고 사람의 참마
음만 그대로 둔다'는 '탈경불탈인奪境不奪人' 법문이다.

그러므로 어떤 사람은 "동산에 꽃들은 이미 떨어졌는데 수레와
말들은 오히려 붐비는구나."라고 하였으며,
또 "삼천 검객이 지금 어디에 있는가. 홀로 장주만 태평하도다."
라고 하였으니,

이것이 망념을 쉬는 공부 '민경존심泯境存心'으로 경계를 없애고
마음만 그대로 두는 것이다.

五 泯心泯境

謂 做功夫時 先空寂外境 次滅內心.
위 주공부시 선공적외경 차멸내심

旣內外心境俱寂 畢竟 妄從何有.
기내외심경구적 필경 망종하유

故 灌溪[1] 云 十方無壁落 四面亦無門 淨躶躶 赤灑灑
고 관계 운 시방무벽락 사면역무문 정나나 적쇄쇄

卽祖師 人境兩俱奪法門也.
즉조사 인경양구탈법문야

故 有語 云 雲散水流去 寂然天地空
고 유어 운 운산수류거 적연천지공

又 云 人牛俱不見 正是月明時
우 운 인우구불견 정시월명시

此泯心泯境 息妄功夫也.
차민심민경 식망공부야

---

1. 임제 스님의 제자이다. 관계灌溪(?-895) 화상이 처음 임제 스님을 찾아옴에,
임제 스님은 이를 보고는 앉아 있던 자리에서 바로 내려와 갑자기 그의 멱살을
움켜잡았다. 그러자 관계 화상이 문득 "알았습니다, 알았습니다."라고 대답
을 했다. 임제 스님은 그가 이미 크게 깨달았다는 사실을 알고는 곧 놓아주었
다. 그리고 다시는 말을 가지고 그와 옳거니 그르거니 시비를 따진 적이 없다
고 한다.

5. 마음도 없애고 경계도 없애는 '민심민경'

다섯째는 '민심민경泯心泯境'이니,
이는 공부할 때 먼저 바깥 경계가 '실체가 없는 텅 빈 고요'인 줄 알고 다음에 그것을 아는 마음조차 없애는 것을 말한다. 이미 안과 밖의 마음과 경계가 다 함께 고요하면 끝내 망념이 어디에서 오겠는가.

그러므로 관계(?-895) 스님께서는 "시방세계에 벽이 없고 사방으로 나갈 문이 없는데도 환하게 드러나 분명하고 분명하도다." 하니, 이것이 조사 스님께서 말씀하신, 사람과 경계를 다 함께 빼앗는 '인경양구탈人境兩俱奪' 법문이다.

그러므로 어떤 사람은 "구름이 흩어지고 물이 흘러가지만 고요하여 하늘과 땅 전체가 텅 비었다."라고 하며,
또 "사람과 소를 다 볼 수 없으니, 바로 보름달이 밝은 때로다."라고 하였으니,

이것이 망념을 쉬는 공부 '민심민경泯心泯境'으로 마음도 없애고 경계도 없애는 것이다.

六 存心存境

謂 做功夫時 心住心位 境住境位.
위 주공부시 심주심위 경주경위

有時 心境相對則 心不取境 境不臨心 各不相到
유시 심경상대즉 심불취경 경불임심 각불상도

自然 妄念不生 於道無碍故.
자연 망념불생 어도무애고

經 云 是法住法位 世門相常住 卽祖師 人境俱不奪法門也.
경 운 시법주법위 세문상상주 즉조사 인경구불탈법문야

故 有語 云
고 유어 운

一片月生海 幾家人上樓
일편월생해 기가인상루

又 云
우 운

山花千萬朶 遊子不知歸
산화천만타 유자부지귀

此是存境存心 滅妄功夫也.
차시존경존심 멸망공부야

6. 마음도 경계도 그대로 두는 '존심존경'

여섯째는 '존심존경存心存境'이니,
이는 공부할 때 마음은 마음이 있을 자리에 머물고 경계는 경계가 있을 자리에 머무는 것을 말한다. 마음과 경계가 서로 상대할 때가 있더라도, 마음은 경계를 취하지 않고 경계는 마음에 오지를 않아 서로 속이지 않는다면, 저절로 망념이 생기지 않아 도에 걸림이 없기 때문이다.

그러므로 『법화경』에서 "법이 법의 자리에 머물러야 세간의 모습이 상주한다."라고 하니, 곧 조사 스님께서 말씀하신 사람과 경계를 모두 빼앗지 않는 '인경구불탈人境俱不奪' 법문이다.

그러므로 어떤 사람은 "바다에서 달이 뜨자 얼마나 많은 사람들이 이 누각에 올라갔던고."라고 하며,
또 말하기를 "산에 꽃이 흐드러진 아름다운 광경에 구경나온 사람들이 돌아갈 줄 모른다."라고 하였으니,

이것이 망념을 없애는 공부 '존심존경存心存境'으로 마음도 경계도 그대로 두는 것이다.

七 內外全體

謂 做功夫時 於山河大地 日月星辰 內身外器 一切諸法 同眞心
위 주공부시 어산하대지 일월성신 내신외기 일체제법 동진심

體 湛然虛明 無一毫異.
체 담연허명 무일호이

大千沙界 打成一片[1] 更於何處 得妄心來.
대천사계 타성일편 갱어하처 득망심래

所以 肇法師[2] 云
소이 조법사 운

天地與我同根 萬物與我同體
천지여아동근 만물여아동체

此是 內外全體 滅妄功夫也.
차시 내외전체 멸망공부야

---

1. '타성일편打成一片'에서 '타打'는 '성成'이라는 동사의 뜻을 강조하는 접두사로서 '타성打成'은 '만들어진 것, 이루어진 것'을 말하고, '일편一片'은 '나무 파편한 조각'으로 풀이되지만 여기서는 '한 덩어리'의 의미로 쓰인다. 선가에서 말하는 타성일편은, 분별하는 모든 마음을 없애고 온갖 차별을 한 덩어리로 만들어 너와 나, 이것과 저것, 주主와 객客이 사라져서 달리 차별하는 마음이 없어졌다는 뜻이다.
2. 승조 법사(384-414)는 중국 스님으로 구마라즙의 제자이다.

7. 안팎이 모두 참마음 바탕 '내외전체'

일곱째는 '내외전체內外全體'이니,

이는 공부할 때 산·강·땅·해·달·별·내 몸과 바깥세상에서 일어나는 세상의 모든 법이 다 똑같이 참마음의 바탕이어 텅 빈 듯 맑고 밝아서 조금도 다를 게 없음을 말한다.

헤아릴 수 없이 많은 온 세계가 참마음 하나로 되니, 다시 어느 곳에서 헛된 마음이 일어날 수 있겠는가.

그러므로 승조(384-414) 스님께서는 "천지와 나는 한 뿌리요, 만물과 나는 한 몸이다."라고 하니,

이것이 망념을 없애는 공부 '내외전체內外全體'로 '안팎이 모두 참마음 바탕'이 되는 것이다.

八 內外全用

謂 做功夫時 將一切內外身心器界諸法 及一切動用施爲 悉觀
위 주공부시 장일체내외신심기계제법 급일체동용시위 실관

眞心妙用. 一切心念 纔生 便是妙用現前 旣一切皆是妙用
진심묘용 일체심념 재생 변시묘용현전 기일체개시묘용

妄心 向甚麼處 安着.
망심 향삼마처 안착

故 永嘉云
고 영가 운

無明實性卽佛性 幻化空身卽法身.
무명실성즉불성 환화공신즉법신

誌公 十二時歌 云
지공 십이시가 운

平旦寅 狂機內隱道人身 坐臥不知元是道 只麼忙忙受苦辛
평단인 광기내은도인신 좌와부지원시도 지마망망수고신

此是內外全用 息妄功夫也.
차시내외전용 식망공부야

8. 안팎이 모두 참마음 작용 '내외전용'

여덟째는 '내외전용內外全用'이니,
이는 공부할 때 안팎의 모든 몸이나 마음과 바깥세상의 온갖 법 및
움직이는 모든 것들이 다 참마음의 미묘한 작용임을 보는 것을 말
한다. 온갖 생각이 일어남에 바로 미묘한 작용이 드러나 이미 모든
것이 다 참마음의 미묘한 작용인데, 헛된 마음이 어느 곳에 발붙일
수 있겠는가.

그러므로 영가 스님은 『증도가』에서 말한다.

무명 실제 참 성품이 불성이면서
허깨비와 같은 이 몸 법신이라네.

지공 선사는 하루 일과를 노래한 '십이시가'에서 "평소 새벽에 일
어나 미친 듯 공부하지만 그 안에 도인의 몸이 숨어 있도다. 앉고
눕는 자리에서 이것이 원래 '도'인 줄 알지 못하고, 다만 바쁘게 다
니면서 '도'를 찾으려고 엄청난 고생을 하는구나."라고 하였으니,

이것이 망념을 쉬는 공부 '내외전용內外全用'으로 안팎 모두 참마
음 작용임을 알아야 한다.

九 卽體卽用

謂 做功夫時 雖冥合眞體 一味空寂
위 주공부시 수명합진체 일미공적

而於中 內隱靈明 乃體卽用也.
이어중 내은영명 내체즉용야

故 永嘉云
고 영가 운

惺惺寂寂是 惺惺妄想非
성성적적시 성성망상비

寂寂惺惺是 寂寂無記非.
적적성성시 적적무기비

旣寂寂中 不容無記 惺惺中 不用亂想 所有妄心 如何得生.
기적적중 불용무기 성성중 불용란상 소유망심 여하득생

此是卽體卽用 滅妄功夫也.
차시즉체즉용 멸망공부야

9. 참마음 바탕이 곧 참마음 작용 '즉체즉용'

아홉째는 '즉체즉용卽體卽用'이니,

이는 공부할 때 참마음 바탕과 하나 되어 그 맛이 한 맛으로서 '텅 빈 고요'라고 하더라도, 그 가운데 '신령스런 밝음'이 있으므로 참마음의 바탕이 곧 참마음의 작용이라는 것을 말한다.

그러므로 영가 스님께서는 "깨어 있으면서 마음이 고요한 것은 옳지만 깨어 있더라도 헛된 생각이 일어나는 것은 잘못이요, 고요한 마음을 지니면서 깨어 있는 것은 옳지만 고요하면서 아무런 생각이 없는 '무기無記'는 잘못이다."라고 하였다.

이미 고요하고 고요한 마음 가운데 무기無記를 용납하지 않고, 깨어있고 깨어있는 마음 가운데서 어지러운 생각을 일으키지 않으니, 온갖 헛된 마음이 어떻게 생겨날 수 있겠는가.

이것이 망념을 없애는 공부 '즉체즉용卽體卽用'으로 참마음의 바탕 자체가 참마음의 작용임을 알아야 한다.

十 透出體用

謂 做功夫時 不分內外 亦不辨東西南北 將四方八面 只作一箇
위 주공부시 불분내외 역불변동서남북 장사방팔면 지작일개

大解脫門. 圓陀陀地 體用不分 無分毫滲漏[1] 通身打成一片 其
대 해탈문 원타타지 체용불분 무분호삼루 통신타성일편 기

妄 何處得起.
망 하처득기

古人云 通身無縫罅 上下忒團圞
고인 운 통신무봉휴 상하특단란

是 乃透出體用 滅妄功夫也.
시 내투출체용 멸망공부야

---

1. '삼루滲漏'에서 '루漏'는 번뇌를 뜻한다.

10. 참마음의 바탕과 작용조차 벗어나야 '투출체용'

열째는 '투출체용透出體用'이니,
이는 공부할 때 안팎과 동서남북을 나누지 않고 사방팔방이 다만
하나의 큰 해탈문이 되는 것을 말한다. 오롯이 두렷하여 바탕과 작
용이 나누어지지 않고 조금도 번뇌가 없어 온몸이 참마음과 하나
가 되니 망념이 어느 곳에서 일어날 수 있겠는가.

옛 사람이 "온몸에 꿰맨 틈이 없어 위아래로 둥글고 둥글다."라고
하였으니,

이것이 참마음이란 바탕과 작용조차 벗어나야 하는 '투출체용透
出體用'의 망념을 없애는 공부이다.

已上 十種 做功夫法 不須全用.
이상 십종 주공부법 불수전용

但得一門 功夫成就 其妄自滅 眞心卽現
단득일문 공부성취 기망자멸 진심즉현

隨根宿習 曾於何法有緣 卽便習之.
수근숙습 증어하법유연 즉변습지

此之功夫 乃無功之功 非有心功力也.
차지공부 내무공지공 비유심공력야

此箇休歇忘心法門 最緊要故 偏多說 無文緊也.
차개휴헐망심법문 최긴요고 편다설 무문긴야

위에서 말한 열 가지 공부하는 방법을 한꺼번에 다 써야 할 필요는 없다.

다만 한 길로만 공부를 성취하여도 망념은 저절로 없어지고 참마음이 드러나니, 자신의 근기와 성향에 맞추어 일찍이 어떤 법에 인연이 있었다면 바로 그것으로 공부해 들어가야 한다.

이 공부는 '한다는 생각이 없이 하는 공부'이기에, 따로 애를 써야 할 마음이 있는 것은 아니다.

이것이 망념을 쉬는 법문의 가장 요긴한 점이므로 말이 많아졌지만 번거롭고 복잡하게 표현하지는 않았다.

眞心四儀

或曰
혹왈

前說息妄 未審 但只坐習 亦通行住等耶.
전설식망 미심 단지좌습 역통행주등야

曰
왈

經論 多坐說習 所以 易成故 亦通行住等 久久 漸成純熟故.
경론 다좌설습 소이 이성고 역통행주등 구구 점성순숙고

起信論 云
기신론 운

若修止者 住於靜處 端坐正意.
약수지자 주어정처 단좌정의

不依氣息 不依形色 不依於空 不依地水火風
불의기식 불의형색 불의어공 불의지수화풍

乃至 不依見聞覺知.
내지 불의견문각지

一切諸想 隨念皆除 亦遣除想.
일체제상 수념개제 역견제상

96 진심직설

8장. 참마음은 행주좌와 모든 삶 속에서

문 : 앞에서 망념을 쉰다고 했는데도 잘 알지 못하겠습니다. 다만 앉아서 공부해야 합니까? 아니면 오고 가며 앉고 눕는 삶 모든 곳에서 이 공부가 통하는 것입니까?

답 : 경전과 논에서 앉아 공부할 것을 많이 이야기하는 까닭은 이 방법이 공부를 쉽게 이루도록 하기 때문이며, 또한 이 공부가 행주좌와 모든 삶 속에서 오랫동안 점차 공부를 익히는 것에도 통하기 때문이다.

『기신론』에서 다음과 같이 말한다.

"만약 선정을 닦는 사람이라면 고요한 곳에 머물러 단정히 앉아 뜻을 바르게 한다. 몸속에서 일어나는 숨이나 어떤 모습에도 기대지 말고, 허공에도 기대지 말며, 지수화풍地水火風이나 견문각지 見聞覺知에도 기대지 말아야 한다. 어떤 생각도 생각이 일어나는 대로 모두 없애고, 또한 없앤다는 생각마저 없어야 한다."

以一切法 本來無相 念念不生 念念不滅 亦不得隨心 外念境
이일체법 본래무상 염념불생 염념불멸 역부득수심 외념경

界. 後 以心除心 心若馳散 卽當收來 住於正念.
계 후 이심제심 심약치산 즉당수래 주어정념

是正念者 當知唯心 無外境界.
시정념자 당지유심 무외경계

卽復此心 亦無自相 念念不可得.
즉부차심 역무자상 염념불가득

若從坐起 去來進止 有所施作
약종좌기 거래진지 유소시작

於一切時 常念方便 隨順觀察 久習純熟 其心得住.
어일체시 상념방편 수순관찰 구습순숙 기심득주

以心住故
이심주고

漸漸猛利 隨順得入眞如三昧 深伏煩惱 信心增長 速成不退.
점점맹리 수순득입진여삼매 심복번뇌 신심증장 속성불퇴

唯除疑惑 不信誹謗 重罪業障 我慢懈怠 如是等人 所不能入.
유제의혹 불신비방 중죄업장 아만해태 여시등인 소불능입

據此則 通四儀[1]也.
거차즉 통사의 야

---

1. 사의四儀는 행行·주住·좌坐·와臥를 말하니, 오가며 앉고 눕는 삶으로서 일상
   생활의 모든 삶을 뜻한다.

"모든 법은 본디 어떤 모습도 없어 생각마다 불생불멸이고, 또한 바깥 경계를 생각하는 마음을 따라가지 말아야 한다. 그 뒤에 마음으로 마음을 없애니 마음이 바쁘게 흐트러지면 곧 그 마음을 거두어 정념에 머물러야 한다."

"이 정념이란 '모든 법이 오직 마음일 뿐 바깥에 어떤 경계도 없음을 확실히 아는 것'이다. 곧 이 마음 또한 자신의 모습이 없기에 생각마다 얻을 수 없는 것이다."

"오고 가며 앉고 눕는 모든 삶에서, 늘 방편을 생각하고 이치대로 살피며 오래 공부하다 보면 공부하는 마음을 가질 수 있다."

"이 마음을 가졌기에 차츰차츰 거세게 물이 흐르듯, 진여삼매에 들어가 번뇌를 없애고 믿음을 키우므로, 금방 공부에서 물러나지 않는 위치로 들어간다."

"오직 부처님 법을 의심하고 믿지 못하여 헐뜯는 죄 많은 사람들과 아만이 있거나 게으른 사람들은 이 공부에서 제외되니, 이런 사람은 삼매에 들어갈 수 없기 때문이다."

이 내용에 따르면 오고 가며 앉고 눕는 삶 모든 곳에서 이 공부가 통하는 것이다.

圓覺經 云
원 각 경 운

先依如來奢摩他行¹
선 의 여 래 사 마 타 행

堅持禁戒 安處徒衆 宴坐²靜室 此初習也.
견 지 금 계 안 처 도 중 연 좌 정 실 차 초 습 야

永嘉 云
영 가 운

行亦禪 坐亦禪 語默動靜 體安然 據此 亦通四儀耳.
행 역 선 좌 역 선 어 묵 동 정 체 안 연 거 차 역 통 사 의 이

總論功力 坐尙不能息心 況行住等 豈能入道耶.
총 론 공 력 좌 상 불 능 식 심 황 행 주 등 기 능 입 도 야

若是用得純熟底人
약 시 용 득 순 숙 저 인

千聖 興來 驚不起 萬般魔妖 不廻顧
천 성 흥 래 경 불 기 만 반 마 요 불 회 고

豈況行住坐中 不能做功夫也.
기 황 행 주 좌 중 불 능 주 공 부 야

---

1. '사마타'는 고요하고 고요하다는 '적정寂靜'의 뜻을 갖고 있다. '사마타관'이란 부처님의 세상을 먼저 이해하고 나서 마음을 어떤 대상에 집중함으로써 생기는 '고요한 경계'를 취하여 점차 수행을 닦아 나가는 것이다. 이 수행을 하면 어지러운 생각들과 번거로운 알음알이들이 사라진다. 이 자리에 밝은 지혜가 생겨나서 몸과 마음에서 일어나는 모든 번뇌들이 사라지니 그 안에서 '고요하고 편안한 마음'이 생겨난다. 시방세계 모든 부처님이 그 가운데 드러나는 것이 마치 거울 속의 그림자와 같다. 이렇게 수행하는 방편을 '사마타관'이라고 하며 '정관靜觀'이라 말하기도 한다.
2. 연좌宴坐는 끄달림 없이 편안한 마음으로 앉아 있는 것이니, 몸과 마음을 고요하게 하여 안정된 마음으로 좌선하는 것을 말한다.

『원각경』에서는 "먼저 여래의 사마타 수행에 의지하여 굳게 계율을 지니고 편안하게 대중과 함께 생활하며 조용한 수행터에서 좌선을 즐긴다."라고 하였으니, 이는 공부를 처음 익히는 방법이다.

영가 스님은 『증도가』에서 "걸을 때나 앉을 때나 선정 속의 삶, 어묵동정 그 바탕은 편안한 마음."이라고 말하였으니, 이 내용에 따르면 오고 가며 앉고 눕는 삶 모든 곳에 이 공부가 통하는 것이다.

공부 이야기를 마무리 하건대, 앉아서도 마음을 쉴 수 없는 사람이, 하물며 오고 가며 머무는 모든 곳에서 어찌 도에 들어갈 수가 있겠느냐.

만약 공부가 많이 된 사람이라면 성인들이 모두 나타나도 놀라 일어나지 않고, 온갖 요망스런 악마들이 와도 거들떠보지 않을 것인데, 이들이 오고 가며 앉고 눕는다고 해서 어찌 공부를 할 수 없다고 하겠느냐.

如人欲讐恨於人 乃至 行住坐臥 飲食動用 一切時中
여인 욕수한어인 내지 행주좌와 음식동용 일체시중

不能忘了 欲愛樂於人 亦復如是.
불능망료 욕애락어인 역부여시

且憎愛有心中事 尙於有心中容得
차증애유심중사 상어유심중용득

今做功夫 是無心事 又 何疑四儀中 不常現前耶.
금주공부 시무심사 우 하의사의중 불상현전야

只恐不信不爲.
지공불신불위

若爲若信則 威儀中 道必不失也.
약위약신즉 위의중 도필불실야

이는 원수를 갚으려는 사람이 오가며 앉고 눕고 먹고 마시는 모든 삶 속에서 품고 있는 한을 잊지 못함과도 같고, 다른 사람을 너무나도 사랑하여 애욕에 빠져 즐기고자 함도 이와 같은 것이다.

미움과 사랑으로 마음속에 품고 있는 일도 이룰 수 있는 것인데, 지금 하는 공부는 어떠한 마음도 일으키지 않는 것이니, 어떻게 오고 가며 앉고 눕는 모든 삶 속에서 늘 도가 나타나지 않는다고 의심할 수 있겠는가.

다만 믿지 못하고 실천하지 않는 것을 걱정할 뿐이다.

만약 믿고 실천한다면, 앉고 눕는 모든 삶 속에서 절대로 도를 잃지 않을 것이다.

眞心所在

或曰 息妄心而眞心現矣 然則 眞心體用 今在何處.
혹 왈 식 망 심 이 진 심 현 의 연 즉 진 심 체 용 금 재 하 처

曰 眞心妙體 偏一切處.
왈 진 심 묘 체 변 일 체 처

永嘉云 不離當處 常湛然 覓則知君 不可見
영 가 운 불 리 당 처 상 담 연 멱 즉 지 군 불 가 견

經云 虛空性故 常不動故 如來藏中 無起滅故[1]
경 운 허 공 성 고 상 부 동 고 여 래 장 중 무 기 멸 고

大法眼[2]云 處處菩提路 頭頭功德林 此卽是體所在也.
대 법 안 운 처 처 보 리 로 두 두 공 덕 림 차 즉 시 체 소 재 야

---

1 『원각경』 '문수보살장'에 나오는 내용이다.

　"왜냐하면 허공의 성품이기 때문이며 항상 부동不動하기 때문이다. 여래장 가운데는 일어나고 멸하는 것이 없으며 지견知見이 없기 때문이다. 이는 법계의 성품이 구경에 원만하여 시방세계에 두루 한 것과 같으니, 이를 인지법행因地法行이라 한다. 보살은 이것으로 대승 가운데 청정한 마음을 발하고, 말세의 중생은 이를 의지해 수행하여 삿된 견해에 떨어지지 않는 것이다."

2. 법안문익法眼文益(885-958)은 절강성 항주부 여항현에서 태어났다. 일곱 살에 출가하여 계율 공부에 전념하는 한편, 유교를 공부하여 시문에 능했다. 복주에 가서 계침 스님을 만나 달포 가까이 머물면서 여러 가지로 자기의 소견을 말해 보았지만, 계침 스님은 언제나 "불법은 그런 것이 아니야."라고만 했다. 그러다 하루는 "이제는 제가 할 말을 다해 버렸고, 이치도 끊어졌습니다."라고 하자, 계침 스님이 "지금부터 불법을 말한다면 온갖 것이 다 제대로 이루어졌느니라." 하는 데서 크게 깨쳤다. 계침 스님의 법을 받아 스님은 법안종을 일으키고 종풍

9장. 참마음이 있는 곳

문 : 헛된 마음을 쉼으로써 참마음이 드러난다고 하셨는데, 그렇다면 참마음의 오묘한 바탕과 작용은 지금 어느 곳에 있습니까?

답 : 참마음의 오묘한 바탕은 두루 모든 곳에 있다. 영가 스님은 『증도가』에서 참마음이 있는 곳을 말씀하셨다.

> 그 자리는 영원토록 맑고 깨끗해
> 찾는다면 알겠지만 볼 수는 없네.

『원각경』에서는 이 까닭을 "허공의 성품이기 때문이요, 언제나 부동이기 때문이며, 여래장 가운데 생멸이 없기 때문이다."라고 하며, 법안(885-958) 스님께서는 "곳곳마다 깨달음의 길이요, 보이는 것마다 공덕의 숲이다."라고 하였으니, 이것이 곧 '참마음의 오묘한 바탕'이 있는 곳이다.

을 떨쳤다. 당시 선종이 형식화 되어가는 세태를 보고 『종문십규론宗門十規論』을 지어 수행을 실천할 것을 주장하며 선교일치 사상을 드러내는 데 애를 썼다.

眞心妙用 隨感隨現 如谷應聲.
진심묘용 수감수현 여곡응성

法燈[1] 云
법등 운

今古應無墜 分明在目前 片雲生晚谷 孤鶴下遙天.
금고응무추 분명재목전 편운생만곡 고학하요천

所以 魏府元華嚴 云
소이 위부원화엄 운

佛法 在日用處 在行住坐臥處 喫茶喫飯處 語言相問處
불법 재일용처 재행주좌와 처 끽다끽반처 어언상문처

所作所爲 擧心動念 又却不是也.
소작소위 거심동념 우각불시야

故 知體則 徧一切處 悉能起用.
고 지체즉 변일체처 실능기용

但因緣有無 不定故 妙用不定耳 非無妙用也.
단 인연유무 부정고 묘용부정이 비무묘용야

修心之人 欲入無爲海 度諸生死
수심지인 욕입무위해 도제생사

莫迷眞心體用所在也.
막미진심 체용소재 야

---

1. 위부魏府 사람으로 청량진흠淸凉泰欽 선사이다. 시호가 법등法灯이다. 송나라
   법안종 스님으로 청량문개淸凉文盖 선사의 법을 이어받았다.

참마음의 미묘한 작용은 느끼는 대로 드러나는 것이 마치 빈 골짜기의 메아리와 같다.

그러므로 법등 스님께서는 "옛날이나 지금이나 감응하고 잃은 적이 없어 분명히 눈앞에 있으니, 한 조각 구름이 해질녘 골짜기에 피어나고 하얀 학이 홀로 먼 하늘가에서 내려온다."라고 하였다.

이 때문에 위부의 원화엄 법사께서는 "부처님의 법은 언제나 삶 그 속에 있어 오가며 앉고 눕는 곳, 차를 마시고 밥을 먹는 곳, 서로 문답하는 곳에 있으니, 의도하는 바가 있어 마음을 내세워 시비 분별하는 일은 옳지 않다."라고 하였다.

그러므로 오묘한 바탕을 알면 참마음이 모든 곳에 두루 하여 온갖 미묘한 작용을 일으킬 수 있다. 다만 인연이 있고 없음이 일정하지 않으므로 미묘한 작용도 일정하지 않을 뿐, 미묘한 작용이 없는 것은 아니다.

마음 닦는 사람이 무위無爲의 바다로 들어가 온갖 생사를 끝내려면, 참마음의 오묘한 바탕과 미묘한 작용이 있는 곳을 몰라서는 안 된다.

眞心出死

或曰 嘗聞見性之人 出離生死
혹왈 상문견성지인 출리생사

然 往昔諸祖 是見性人 皆有生有死
연 왕석제조 시견성인 개유생유사

今現見世間修道之人 有生有死事 如何云 出生死耶.
금현견세간수도지인 유생유사사 여하운 출생사야

曰 生死本無 妄計爲有 如人病眼 見空中花.
왈 생사본무 망계위유 여인병안 견공중화

或無病人 說無空花 病者 不信.
혹무병인 설무공화 병자 불신

目病若無 空花自滅 方信花無.
목병약무 공화자멸 방신화무

只花未滅 其花亦空
지화미멸 기화역공

但病者 妄執爲花 非體實有也.
단병자 망집위화 비체실유야

如人 妄認生死爲有.
여인 망인생사위유

10장. 참마음으로 생사를 벗어나니

문: 일찍이 견성한 사람은 생사에서 벗어났다는 말을 들었지만, 예전 조사 스님은 모두 견성한 사람들인데도 다들 생사가 있었고, 오늘날 세간에서 도를 닦는 사람들도 생사의 일이 있음을 보는데, 어떻게 생사를 벗어났다 말씀하실 수 있습니까?

답: 생사가 '본래 없는 것'인데 '있다'고 잘못 생각하니, 눈병이 나서 '허공의 꽃'을 보는 사람과 같다. 눈병이 없는 어떤 사람이 허공의 꽃이 없는 것이라고 말해도 그 환자는 믿지를 않는다.

눈에 병이 없어 허공의 꽃이 저절로 사라져야 비로소 허공에 꽃이 없음을 믿는다.

허공에 꽃이 사라지지 않았더라도 그 꽃 또한 없는 것이니, 오직 병자들만 꽃이라고 허망하게 집착할 뿐 그 꽃의 실체가 실제 있는 것은 아니다.

이는 마치 사람들이 '생사가 있다'고 잘못 아는 것과 같다.

或無生死人告云 本無生死 彼人 不信.
혹무생사인 고운 본무생사 피인 불신

一朝妄息 生死自除 方知生死 本來是無.
일조망식 생사자제 방지생사 본래시무

只生死未息時 亦非實有 以妄認生死有.
지생사미식시 역비실유 이망인생사유

故經云
고 경 운

善男子 一切衆生 從無始來 種種顚倒 猶如迷人
선남자 일체중생 종무시래 종종전도 유여미인

四方易處 妄認四大 爲自身相 六塵¹ 緣影 爲自心相.
사방역처 망인사대 위자신상 육진 연영 위자심상

譬彼病目 見空中花.
비피병목 견공중화

乃至 如衆空花 滅於虛空 不可說言 有定滅處.
내지 여중공화 멸어허공 불가설언 유정멸처

何以故 無生處故.
하이고 무생처고

---

1. '육진六塵'은 '안이비설신의眼耳鼻舌身意'의 '육근六根'에 대응하는 '색성향미
촉법色聲香味觸法'을 말한다. '육진六塵'은 참마음을 덮고 흐리게 하는 티끌 경
계 같다고 하여 붙여진 이름으로서 '육경六境'이라 말하기도 한다. 중생의 업은
좋은 물건, 아름다운 소리, 향기로운 냄새, 맛깔스러운 맛, 상큼한 느낌, 자신의
판단 이 여섯 가지 경계에 집착하여 욕망의 대상으로 삼는다.

혹 '생사가 없는 사람'이 '본디 생사는 없는 것'이라고 말해주어도 그들은 믿지 않는다. 그러다 어느 날 허망한 마음이 쉬어져 생사가 저절로 없어져서야 비로소 '생사가 본래 없음'을 안다.

생사가 아직 없어지지 않았을 때도 또한 실제 있는 것이 아닌데, 생사가 있다고 잘못 아는 것이다.

그러므로 『원각경』에서 말한다.

"선남자여, 모든 중생의 무시이래 온갖 잘못은, 어리석은 사람이 동서남북을 바꾸어 생각하듯, '지수화풍' 사대를 자신의 몸으로 삼고 '색성향미촉법' 육진 경계에 반연한 그림자를 자기의 마음으로 삼는 것이다."

"이는 비유하면 눈병이 난 눈으로 허공의 꽃을 보는 것과 같다."

"나아가 이는 마치 많은 허공의 꽃들이 허공에서 없어지지만 없어지는 곳이 있다고 확실하게 말할 수 없는 것과 같다. 왜냐하면 본디 생겨나는 곳이 없기 때문이다."

一切衆生 於無生中 妄見生滅 是故 說名輪轉生死.
일체중생 어무생중 망견생멸 시고 설명윤전생사

據此經文 信知 達悟圓覺眞心 本無生死.
거차경문 신지 달오원각진심 본무생사

今知無生死 而不能脫生死者 功夫不到故也.
금지무생사 이불능탈생사자 공부부도고야

故 教中 說菴婆女 問文殊[1] 云
고 교중 설 암파녀 문문수 운

明知 生是不生之法 爲甚麼 被生死之所流
명지 생시불생지법 위삼마 피생사지소류

文殊 云 其力未充故.
문수 운 기력미충고

後有進山主[2] 問修山主[3] 云
후 유진산주 문수산주 운

明知 生是不生之法 爲甚麼 却被生死之所流
명지 생시불생지법 위삼마 각피생사지소류

修云 筍 畢竟 成竹去 如今 作筏使得麼.
수운 순 필경 성죽거 여금 작벌사득마

---

1. 문수는 범어 'Manjusri'에서 유래되었으며 문수사리文殊師利, 만수시리滿殊尸
   利 또는 만수실리曼殊室利 등으로도 음역된다. '문수文殊'를 뜻으로 풀이하면
   '묘수妙首'로서 문수보살의 지혜는 헤아릴 수 없이 크므로 '묘妙'라 하고, 그 지혜
   는 모든 지혜 가운데 으뜸이기에 '수首'라고 한 것이다.
2. 진산주는 '청계홍진淸溪洪進' 스님으로 계침 선사의 법을 이어받았다.
3. 수산주는 용제소수龍濟紹修 스님으로 생몰연대 미상이다. 지장계침 선사의 법
   을 이어받아 무주의 용제산에서 가르침을 폈다. 게송 60여 수와 저서에 『군경요
   략群經要略』이 있다.

"모든 중생도 생멸이 없는 데서 생멸을 허망하게 보니, 이 때문에 이를 일러 '생사에서 윤회한다'고 말한다."

이 『원각경』에 의하여 믿고 알 것이니, '원각의 참마음'을 깨달으면 본디 생사가 없다. 지금 생사가 없음을 알아도 생사를 벗어날 수 없는 것은 공부가 그 경지에 도달하지 못하였기 때문이다.

그러므로 경에서 암파 여인이 문수보살에게 "생사가 생사 아니라는 법을 분명히 알았는데 어째서 생사 속에 흘러가는 것입니까?"라고 물으니,

문수보살은 "생사를 이겨낼 수 있는 힘이 아직 충분하지 않기 때문이다."라고 답한 것이다.

뒷날 진산주進山主가 수산주修山主에게 "생사가 생사 아니라는 법을 분명히 알았는데 어째서 생사 속에 흘러가는 것입니까?"라고 물으니,

수산주도 "죽순이 나중에 대나무가 되겠지만 지금 이 죽순을 뗏목으로 엮어 쓸 수 있겠습니까?"라고 답하였다.

所以
소이

知無生死 不如體無生死
지무생사 불여체무생사

體無生死 不如契無生死 契無生死 不如用無生死.
체무생사 불여계무생사 계무생사 불여용무생사

今人 尚不知無生死 況體無生死 契無生死 用無生死耶.
금인 상부지무생사 황체무생사 계무생사 용무생사야

故 認生死者 不信無生死法 不亦宜乎.
고 인생사자 불신무생사법 불역의호

그러므로 '생사가 없음'을 아는 것은 '생사가 없음'을 체득하는 것만 못하고, '생사가 없음'을 체득하는 것은 '생사가 없음'에 하나 되는 것만 못하며, '생사가 없음'에 하나 되는 것은 '생사가 없음'을 마음대로 쓰는 것만 못한 것이다.

요즈음 사람들은 본디 생사가 없음을 알지도 못하는데, 하물며 생사가 없음을 체득하고, 하나 되어 생사 없는 도리를 쓸 수가 있겠는가.

그러므로 '생사가 있다'고 잘못 아는 사람들이 '생사 없는 법'을 믿지 않는 것도 너무 당연한 일이 아니겠는가.

眞心正助

或曰
혹왈

如前息妄 眞心現前 且如妄未息時
여전식망 진심현전 차여망미식시

但只歇妄做無心功夫 更有別法 可對治諸妄耶.
단지헐망주무심공부 갱유별법 가대치제망야

曰
왈

正助不同也 以無心息妄爲正 以習衆善爲助.
정조부동야 이무심식망위정 이습중선위조

譬如明鏡 爲塵所覆
비여명경 위진소부

雖以手力揩拭 要須妙藥磨瑩 光始現也.
수이수력개식 요수묘약마 영광시현야

塵垢 煩惱也 手力 無心功也
진구 번뇌야 수력 무심공야

磨藥 衆善也 鏡光 眞心也.
마약 중선야 경광 진심야

11장. 참마음을 닦는 공부 방법은

문 : 앞에서 망념을 쉬어야 진심이 드러난다고 하셨는데, 망념이 아직 쉬지 않았을 때 다만 망념을 쉬어가며 무심 공부를 해야 합니까? 아니면 따로 어떤 법이 있어 온갖 망념을 다스릴 수 있는 것입니까?

답 : '주된 방법'이냐 아니면 '보조적인 방법'이냐에 따라 공부법이 다르니, 무심으로 망념을 쉬는 것을 주된 방법으로 삼고 온갖 선행을 익히는 것을 보조적인 방법으로 삼기 때문이다.

비유하면 밝은 거울에 덮여있는 먼지를 손으로 문질러 닦아내더라도, 먼지를 닦아내는 신통한 약으로 문질러야 밝은 빛이 비로소 드러나는 것과 같다.

밝은 거울 위에 앉아 있는 먼지가 번뇌인 줄 알고 손으로 닦아내는 것은 '무심 공부'이며, 먼지를 닦아내는 신통한 약은 '온갖 선행'이요 밝은 거울 빛은 '참마음'이다.

起信論云
기신론 운

復次 信成就發心者 發何等心. 略說有三種 云何爲三. 一者 直
부차 신성취발심자 발하등심 약설유삼종 운하위삼 일자 직

心 正念眞如法故 二者深心 樂集一切善行故 三者大悲心 欲拔
심 정념진여법고 이자 심심 요집일체선행고 삼자 대비심 욕발

一切衆生苦故.
일체중생고고

問曰
문왈

上說 法界一相 佛體無二
상설 법계일상 불체무이

何故 不唯念眞如 復假求學諸善之行.
하고 불유념진여 부가구학제선지행

答曰 譬如大摩尼寶 體性明淨 而有鑛穢之垢.
답왈 비여대마니보 체성명정 이유광예지구

若人 雖念寶性 不以方便 種種磨治 終無得淨.
약인 수념보성 불이방편 종종마치 종무득정

如是衆生 眞如之法 體性空淨 而有無量煩惱染垢.
여시중생 진여지법 체성공정 이유무량번뇌염구

『기신론』에서는 다음과 같이 말하였다.

"믿음이 생겨 '도 닦을 마음'을 내는 것은 어떤 마음을 낸다는 것인가? 간단히 말하면 세 가지가 있으니 무엇이 그 셋인가. 첫째는 '곧은 마음'이니 '참으로 여여한 법'을 바로 생각하기 때문이요, 둘째는 '깊은 마음'이니 온갖 선행을 모아 즐겨하기 때문이요, 셋째는 '크게 자비로운 마음'이니 모든 중생의 온갖 괴로움을 다 없애주려 하기 때문이다."

문 : 위에서 법계는 하나의 모습으로서 부처님의 바탕이니 별다른 것이 없다고 말했는데, 무슨 까닭으로 오로지 '참으로 여여 한 것'만 생각하지 않고 다시 온갖 선행을 찾아 배워야만 합니까?

답 : 비유하면 커다란 여의주 광석의 바탕과 성품이 맑고 깨끗하더라도 아직 잘 다듬어지지 않은 것과 같기 때문이다. 사람들이 여의주 성품이 맑고 깨끗하다 생각하더라도, 광석덩어리를 온갖 방편으로 갈고 다듬지 않는다면, 끝내 맑고 깨끗한 여의주를 얻을 수 없기 때문이다.

이와 같이 중생의 '참으로 여여한 법' 그 바탕과 성품이 비어 깨끗하더라도, 아직 중생에게는 헤아릴 수 없이 많은 번뇌가 남아 있기 때문이다.

若人雖念眞如 不以方便 種種熏習 亦無得淨.
약인 수념진여 불이방편 종종훈습 역무득정

以垢無量 遍一切法故 修一切善行 以爲對治.
이구무량 변일체법고 수일체선행 이위대치

若人修行 一切善法 自然 歸順眞如法故.
약인수행 일체선법 자연 귀순진여법고

據此所論 以休歇妄心爲正 修諸善法爲助.
거차소론 이휴헐망심위정 수제선법위조

若修善時 與無心相應 不取着因果.
약수선시 여무심상응 불취착인과

若取因果 便落凡夫人天報中難證眞如 不脫生死.
약취인과 변락범부인천보중난증진여 불탈생사

若與無心相應
약여무심상응

乃是證眞如之方便 脫生死之要術 兼得廣大福德.
내시증진여지방편 탈생사지요술 겸득광대복덕

사람들이 '참으로 여여한 것'을 생각하더라도 온갖 방편으로 그것을 닦아 익히지 않는다면 중생의 성품 또한 깨끗해질 수 없다.

헤아릴 수 없이 많은 번뇌가 온갖 법에 두루 하므로 온갖 선행을 닦아 이 힘으로 번뇌를 다스려야 하기 때문이다.

사람들이 온갖 좋은 법을 수행하면 자연스럽게 '참으로 여여한 법'으로 돌아가기 때문이다.

『기신론』에서 말한 것에 따르면 '허망한 마음을 쉬는 것'을 주된 방법으로 삼고 '온갖 좋은 법을 닦는 것'을 보조적인 방법으로 삼아 공부하는 것이다.

온갖 선행을 닦을 때 무심해야 인과를 받지 않는다. 인과가 있으면 그 과보로 하늘이나 인간 세상에 태어나게 되므로 '참으로 여여 한 것'을 깨닫기 어렵고 생사를 벗어나지 못하기 때문이다.

무심할 수 있다면 이것이야말로 진여를 깨닫는 방편이요, 생사를 벗어나는 요긴한 길이며 아울러 큰 복덕을 함께 얻는다.

金剛般若經 云
금강반야경 운

須菩提 菩薩 無住相布施[1] 其福德 不可思量.
수보리 보살 무주상보시 기복덕 불가사량

今見世人 有參學者
금견세인 유참학자

纔知有箇本來佛性 乃便自恃天眞 不習衆善
재지유개본래불성 내변자시천진 불습중선

豈只於眞心 不達 亦乃飜成懈怠 惡道 尙不能免 況脫生死.
기지어진심 부달 역내번성해태 악도 상불능면 황탈생사

此見大錯也.
차견대착야

---

1. '보시布施'는 부처님 시대부터 있었던 수행방법으로서 범어 'dāna'의 의역인데 자비로운 마음으로 복덕과 이익을 남에게 베푼다는 뜻을 갖고 있다. 무주상 보시란 어떤 대상에 집착하지 않고 보시하는 것이다. 베푸는 사람도 공성空性이 요, 받는 사람도 공성이며 오가는 재물이나 법도 공성이다. 이 모든 것이 공空일 때 또한 공空이라는 생각도 내지 않는다. 보시하여 베풀었다는 생각조차 내지 않는 것이 곧 참다운 보시이며, 그래서 온갖 인연에 집착하는 마음이 다 끊어졌 다고 하는 것이다. 이 자리에서 모든 번뇌를 여의니 「사익경」에서는 "보살이 마음에서 모든 번뇌를 버리는 것이 보시이다."라고 하였다.

그러므로『금강반야경』에서 "수보리여, 보살이 어떤 모습에 집착하는 마음 없이 베푸는 '무주상 보시'는 그 복덕을 다 헤아릴 수가 없다."라고 하였다.

요즈음 공부하는 사람들을 보면, 자신한테 본래 불성이 있음을 겨우 알자마자, 바로 그 천진불성에만 의지하여 온갖 선행을 닦지 않는다.

이런 사람은 진심에 통달하지 못할 뿐 아니라 또한 게을러져 삼악도도 오히려 면할 수 없을 것인데, 어찌 하물며 생사를 벗어날 수 있겠느냐. 이런 소견은 참으로 잘못된 것이다.

眞心功德

或曰 有心修因 不疑功德矣 無心修因 功德何來.
혹왈 유심수인 불의공덕의 무심수인 공덕하래

曰 有心修因 得有爲果 無心爲因 顯性功德.
왈 유심수인 득유위과 무심위인 현성공덕

此諸功德 本來自具 妄覆不顯 今旣妄除 功德現前.
차제공덕 본래자구 망부불현 금기망제 공덕현전

故 永嘉 云 三身四智¹ 體中圓 八解六通 心地印²
고 영가 운 삼신사지 체중원 팔해육통 심지인

乃是體中 自具性功德也.
내 시 체 중 자 구 성 공 덕 야

---

1. '삼신'은 법신·보신·화신이다. '사지'는 부처님의 네 가지 지혜이니, 대원경
   지·평등성지·묘관찰지·성소작지를 말한다.
2. 팔해육통에서 '팔해'는 팔해탈八解脫의 약칭이다. 여덟 가지 선정의 힘으로 온
   갖 번뇌를 버려 해탈하는 것을 말한다. '육통'은 육신통을 말한다. 신족통·천안
   통·천이통·타심통·숙명통·누진통 여섯 가지이다. '심지'는 부처님 마음자
   리로, '팔해육통'은 부처님 마음자리에서 드러나는 것이기에 부처님만 인가할
   수 있다고 해서 '심지인心地印'이라 한다.

12장. 참마음의 공덕

문 : 어떤 마음으로 인과를 닦아서 오는 공덕이야 의심하지 않지만, 무심으로 인과를 닦은 그 공덕은 어디에서 오는 것입니까?

답 : 어떤 마음으로 인과를 닦는 것은 유위有為의 과보를 얻지만, 무심으로 인과를 닦아 나가면 '참 성품의 공덕'이 드러난다. 온갖 공덕이 본래 자신에게 다 갖추어져 있지만 중생의 망념에 덮여 드러나지 않다가, 이제 그 망념이 제거되어 공덕이 드러나기 때문이다.

그러므로 영가 스님은 『증도가』에서 "삼신사지三身四智 그 바탕은 오롯해지고 육신통과 팔해탈은 부처님 마음"이라고 하였으니, 이 내용은 '참마음 바탕' 가운데 스스로가 '참 성품의 공덕'을 다 갖추고 있다는 뜻이다.

古頌
고송

若人靜坐一須臾 勝造恒沙七寶塔
약인정좌일수유 승조항사칠보탑

寶塔畢竟化爲塵 一念淨心成正覺
보탑필경화위진 일념정심성정각

故知 無心功 大於有心也.
고지 무심공 대어유심야

洪州 水潦和尙¹ 參馬祖² 問 如何是西來的的意³
홍주 수료화상 참마조 문 여하시서래적적의

被馬祖一踏 踏到 忽然發悟 起來 撫掌大笑 云 也大奇 也大奇
피마조일답 답도 홀연발오 기래 무장대소 운 야대기 야대기

百千三昧 無量妙義 只向一毛頭上 便一時 識得根源去乃作禮
백천삼매 무량묘의 지향일모두상 변일시 식득근원거내작례

而退. 據此則 功德不從外來 本自具足也.
이퇴 거차즉 공덕부종외래 본자구족야

---

1. 수료 화상은 마조 스님의 제자이다.
2. 마조도일(709-788)은 유명한 당나라 선승禪僧으로서 남악회양의 법을 이었다. 그는 법문을 할 때마다 '평상시 쓰는 마음이 도이다[平常心是道]'와 '마음 그 자체가 부처다[卽心是佛]'라는 말로써 크게 선풍을 일으켰다.
3. 중국 선종의 초조 달마 스님은 중국에 와서 불교의 대혁신을 일으켰다. 경전이나 글에 집착하는 것이 다 소용없다 하여 '불립문자不立文字'를 내세웠고, 계율, 염불, 다라니 이 모든 것에 집착하는 것도 다 부정하였다. 달마 스님은 오로지 "마음을 살피는 한 가지 일에 모든 수행이 들어있다."라고 하고, 또 "바로 사람의 마음을 가리켜서 그 성품을 보면 부처님이 된다."라고 하였다. 달마 스님의 이런 법은 혜가 스님에게 전해지고 육조 혜능 스님 때에 활짝 꽃이 펴 그 문하에서 수많은 선지식들이 나왔다. 그러자 사람들은 다투어 잘못된 불교를 버리고 이 법을 배우고자 하였다. 그래서 묻기를 "달마 스님이 서쪽에서 온 뜻이 무엇입니까?"라고 하였다.

옛 게송으로 말한다.

> 잠깐 동안 바로 앉아 마음 챙기면
> 보탑 만든 공덕보다 더 뛰어나니
> 탑들이야 언젠가는 티끌 되지만
> 한 생각에 맑은 마음 깨침을 주네.

그러므로 무심 공부가 유심 공부보다 공덕이 더 큰 줄 알아야 한다.

홍주에 있는 수료 화상이 마조(709-788) 스님을 찾아가 "어떤 것이 서쪽에서 오신 조사 스님의 분명한 뜻입니까?"라고 묻다가, 마조 스님의 발길질에 넘어진 그 자리에서 홀연 깨닫고 일어나 손뼉을 치고 크게 웃으며 "참으로 기이하고 기이하다. '온갖 삼매 헤아릴 수 없는 오묘한 이치'를 다만 한 터럭 끝에서 단숨에 그 근원을 알았다."라고 하며, 마조 스님의 발길질 은혜에 예를 올리고 물러났다.

이것에 의하면 공덕은 밖에서 온 것이 아니라 본디 자신에게 다 갖추어져 있는 것이다.

四祖¹ 謂懶融禪師² 曰
사조 위 나 융 선 사 왈

夫百千法門同歸方寸 河沙功德總在心源 一切 戒門 定門 慧門
부 백 천 법 문 동 귀 방 촌 하 사 공 덕 총 재 심 원 일 체 계 문 정 문 혜 문

神通變化 悉自具足 不離汝心.
신 통 변 화 실 자 구 족 불 리 여 심

據祖師語 無心功德甚多.
거 조 사 어 무 심 공 덕 심 다

但好事相功德者 於無心功德 自不生信耳.
단 호 사 상 공 덕 자 어 무 심 공 덕 자 불 생 신 이

---

1. 사조도신道信(580-651)은 중국 선종의 제4대 조사로서 '동산법문東山法門'을
   열어 중국 선종의 교단을 형성하였다.
2. 나융(594-657) 선사는 성은 위씨이고 휘는 법융이며 호는 우두이다. 손이나 발
   및 얼굴을 닦지 않고 삭발을 하지 않으며 옷 세탁도 하지 않기에 '나융懶融'이란
   칭호를 받게 되었다. 스님은 영휘년간(650-655) 우두산에 대중의 식량이 떨어
   졌을 때 80리나 되는 단양에 가 화주해서 쌀가마를 지고 날마다 오가기를 세
   해 동안 계속하였다고 한다. 도신의 제자로서 공空 도리를 깨달아 우두산에서
   선법을 선양하여 '우두종牛頭宗'이 생겼다.

사조도신(580-651) 스님께서는 나융(594-657) 선사에게 "무릇 온갖 법문이 다 똑같이 마음으로 돌아가고, 헤아릴 수 없이 많은 공덕이 모두가 다 마음의 근원에 있다. 온갖 계율, 선정, 지혜, 신통 변화 모두가 자신에게 다 갖추어져 있어 그대의 마음을 떠나지 않았다."라고 하였다.

이 조사 스님의 말씀에 의하면 무심 공덕이 참으로 크다. 다만 모습으로 나타난 공덕만 좋아하는 사람들은, 무심 공덕에 스스로가 믿음을 내지 않았을 뿐이다.

眞心驗功

或曰
흑왈

眞心現前 如何知是眞心 成熟無碍也.
진심현전 여하지시진심 성숙무애야

曰 學道之人 得眞心現前時 但習氣未除 若遇熟境 有時失念.
왈 학도지인 득진심현전시 단습기미제 약우숙경 유시실념

如牧牛 雖調到牽拽隨順處 猶不散放了鞭繩.
여목우 수조도견예수순처 유불산방료편승

直待心調步穩 趕趁入苗稼中 不傷苗稼 方敢撒手也.
직대심조보온 간진입묘가중 불상묘가 방감살수야

到此地步 便不用牧童鞭繩 自然 無傷苗稼.
도차지보 변불용목동편승 자연 무상묘가

如道人 得眞心後 先且用功保養 有大力用 方可利生.
여도인 득진심후 선차용공보양 유대력용 방가이생

13장. 참마음을 시험할 때

문: 참마음이 드러날 때, 어떻게 그 마음이 무루 익어 걸림이 없다는 것을 알 수 있습니까?

답: 도를 배우는 사람에게 참마음이 드러날 때, 습관이 된 나쁜 버릇을 아직 없애지 못했으므로, 전에 익숙했던 환경을 만나면 온전한 생각을 놓칠 때가 있다.

이는 소를 놓아기를 때, 끄는 대로 잘 따라오더라도 아직 채찍과 고삐를 감히 놓지 못하고 있는 것과 같다.

소가 잘 길들여져 걸음이 평온하며 곡식밭에 뛰어 들어가더라도, 곡식을 상하지 않게 할 정도가 될 때를 기다려서야 비로소 채찍과 고삐를 놓을 수 있다. 이쯤 되어야 목동이 채찍과 고삐를 쓰지 않아도 자연스럽게 곡식을 상하게 하는 일이 없기 때문이다.

이는 도인이 참마음을 얻은 뒤, 먼저 공들여서 큰 힘을 얻어 쓸 수 있고 나서야 비로소 중생을 이롭게 할 수 있는 것과 같다.

若驗此眞心時 先將平生所憎愛底境 時時 想在面前
약험차진심시 선장평생소증애저경 시시 상재면전

如依前起憎愛心則 道心未熟.
여의전기증애심즉 도심미숙

若不生憎愛心 是道心熟也.
약불생증애심 시도심숙야

雖然如此成熟 猶未是自然不起憎愛.
수연여차성숙 유미시자연불기증애

又 再驗心.
우 재험심

若遇憎愛境時 特然起憎愛心 令取憎愛境界
약우증애경시 특연기증애심 영취증애경계

若心不起 是心無碍 如露地白牛 不傷苗稼.
약심불기 시심무애 여로지백우 불상묘가

古有呵佛罵祖者 是與此心相應.
고유가불매조자 시여차심상응

今見 纔入宗門 未知道之遠近
금견 재입종문 미지도지원근

便學呵佛罵祖者 太早計也.
변학가불매조자 태조계야

이 참마음을 시험할 때 먼저 평소 좋아했던 경계가 늘 눈앞에 있다고 생각하고, 여기서 전처럼 미워하거나 사랑하는 마음이 일어난다면 '도심道心'이 아직 무루 익지 않은 것이다. 만약 미워하거나 사랑하는 마음이 생기지 않는다면 이는 '도심'이 무루 익은 것이다.

비록 이처럼 무루 익더라도 아직 자연스럽게 미워하거나 사랑하는 마음이 일어나지 않는 것은 아니다.

그러므로 또다시 마음을 시험해야 한다. 미워하거나 사랑하는 경계를 만났을 때, 미워하거나 사랑하는 마음이 일어나도록 강하게 부추기는 인연이 있어도, 이런 마음이 일어나지 않는다면 이 마음은 어떤 경계에도 걸림이 없어 마치 밭에 놓아둔 흰 소가 곡식을 상하지 않게 하는 것과 같다.

예전에 부처님과 조사 스님을 꾸짖던 사람들은 모두 이 마음에 통달하신 분들이다. 요즈음 선가의 종문宗門에 막 첫발을 내딛은 사람들을 보면, 아직 도가 멀리 있는지 가까이 있는지도 잘 모르면서, 바로 부처님과 조사 스님들을 꾸짖는 행태를 배우고 있으니 매우 경솔한 일이요 잘못된 일이다.

眞心無知

或曰 眞心與妄心 對境時 如何辨別眞妄耶.
혹왈 진심여망심 대경시 여하변별진망야

曰 妄心對境 有知而知 於順違境 起貪嗔心. 又 於中容境 起癡
왈 망심대경 유지이지 어순위경 기탐진심 우 어중용경 기치

心也. 旣於境上 起貪嗔癡三毒 足見是妄心也.
심야 기어경상 기탐진치삼독 족견시망심야

祖師 云
조사 운

逆順相爭 是爲心病 故 對知於可不可者 是妄心也.
역순상쟁 시위심병 고 대지어가불가자 시망심야

若眞心者 無知而知
약진심자 무지이지

平懷圓照故 異於草木 不生憎愛故 異於妄心.
평회원조고 이어초목 불생증애고 이어망심

卽對境虛明 不憎不愛 無知而知者 是眞心也.
즉대경허명 부증불애 무지이지자 시진심야

14장. '아는 주체가 없는 앎'이 참마음

문: 부처님의 참마음과 중생의 거짓 마음이 경계를 마주할 때, 어떻게 그 진위를 구별할 수 있습니까?

답: 중생의 거짓 마음은 경계를 맞이하여 '아는 주체'가 있어서 알기에, 좋고 나쁜 경계에서 그 주체가 탐을 내고 성을 내는 마음을 일으킨다. 또 그 가운데 경계를 받아들여 어리석은 마음을 일으킨다. 이미 어떤 경계에서 탐을 내고 성을 내며 어리석은 마음을 일으킨다면, 이것으로 충분히 거짓 마음이라는 것을 본다.

승찬 스님이 『신심명』에서 "어긋나고 순종하다 서로 다툼은, 중생들의 마음에서 만들어진 병"이라고 하였으니, 그러므로 '옳다' '옳지 않다'를 마주보고 아는 것, 이것은 거짓 마음이다.

부처님의 참마음이라면 '아는 주체가 없는 앎'이지만, 평소 모든 경계를 오롯하게 비추는 마음을 품고 있으므로 풀과 나무와는 다른 것이요, 미워하거나 좋아하는 마음을 내지 않으므로 중생의 거짓 마음과도 다르다. 곧 경계를 마주할 때 '텅 빈 밝음'이어서 미워하지도 않고 좋아하지도 않으면서 '아는 주체가 없는 앎[無知而知]'이 바로 참마음이다.

故 肇論 云 夫聖心者 微妙無相 不可爲有 用之彌勤 不可爲無.
고 조론 운 부성심자 미묘무상 불가위유 용지미근 불가위무

乃至 非有故 知而無知 非無故 無知而知.
내지 비유고 지이무지 비무고 무지이지

是以 無知卽知 無以言異於聖人心也.
시이 무지즉지 무이언이어성인심야

又 妄心 在有著有 在無著無 常在二邊 不知中道.[1]
우 망심 재유착유 재무착무 상재이변 부지중도

永嘉 云
영가 운

捨妄心 取眞理 取捨之心成巧僞
사망심 취진리 취사지심성교위

學人不了用修行 眞成認賊將爲子.
학인불료용수행 진성인적장위자

若是眞心 居有無而 不落有無 常處中道.
약시진심 거유무이 불락유무 상처중도

---

1. 중생들은 보통 범부라 하면 범부라는 생각에 빠지고 성인이라 하면 성인이란
   생각에 빠지는 나쁜 버릇에 길들여져 있어 앉아 있어도 병이고 서 있어도 병이
   다. 중생의 이런 병을 고쳐 주려고 부처님께서는 몸소 유有와 무無, 공空과 가假
   라는 알기 쉬운 방편을 활용하다가, 마지막에 이르러서는 이런 방편조차 공성空
   性임을 알게 하는 '중도中道 법문'을 설하셨다. 범부의 알음알이를 없애 주려는
   방편으로 성인의 깨달음을 내세우지만, 알음알이가 사라지면 이 알음알이의
   상대적 개념인 성인의 깨달음도 저절로 사라지기 때문이다.

그러므로『조론』에서는 "성인의 마음이란 미묘하여 어떤 모습이 없으므로 '있다'고도 할 수 없고, 사용하면 전체가 움직이므로 '없다'고도 할 수 없다. 나아가 있는 것이 아니므로 알아도 아는 것이 없고, 없는 것이 아니므로 아는 것 없이 안다. 이 때문에 '아는 주체가 없이 바로 앎[無知卽知]', 이것을 성인의 마음과 다르다고 말할 수 없다."라고 하였다.

또 거짓 마음은 '유有'에서 '유'에 집착하고 '무無'에서 '무'에 집착하여 늘 한쪽에 치우쳐 있으므로 '중도中道'를 알지 못한다.

영가 스님은『증도가』에서 말한다.

> 헛된 마음 버리고자 진리 찾지만
> 취사분별 그 마음은 교묘한 거짓
> 학인들이 이 모르고 수행한다면
> 정말이지 도둑놈을 아들 삼는 짓.

만약 참마음이라면, '유무有無'에 있어도 '유무'에 떨어지지 않고 언제나 '중도'에 있기 때문이다.

故 祖師 云
고 조사 운

莫逐有緣 勿住空忍
막 축 유 연 물 주 공 인

一種平懷 泯然自盡.
일 종 평 회 민 연 자 진

肇論 云
조 론 운

是以 聖人 處有不有 居無不無. 雖不取於有無 然 不捨於有無.
시 이 성 인 처 유 불 유 거 무 불 무 수 불 취 어 유 무 연 불 사 어 유 무

所以 和光塵勞 周旋五趣¹.
소 이 화 광 진 로 주 선 오 취

寂然而往 忽爾而來 恬淡 無爲而無不爲.
적 연 이 왕 홀 이 이 래 염 담 무 위 이 무 불 위

此說 聖人 垂手爲人 周旋五趣 接化眾生
차 설 성 인 수 수 위 인 주 선 오 취 접 화 중 생

雖往來而無往來相.
수 왕 래 이 무 왕 래 상

妄心不爾 故 眞心妄心 不同也.
망 심 불 이 고 진 심 망 심 부 동 야

又 眞心 乃平常心也 妄心 乃不平常心也.
우 진 심 내 평 상 심 야 망 심 내 불 평 상 심 야

---

1. 오취五趣는 사람이 지은 업에 따라 가게 되는 다섯 갈래 길로 지옥, 아귀, 축생, 인간, 천상을 말한다.

그러므로 승찬 스님은 『신심명』에서 말한다.

> 인연들이 있다 하여 좇지를 말고
> 공空 도리라 집착하여 머물지 말라.
> 한마음을 변함없이 품고 산다면
> 온갖 번뇌 제 스스로 없어지리라.

『조론』에서는 "이 때문에 성인은 있어도 있는 것이 아니요, 없어도 없는 것이 아니다. '유有'와 '무無'를 취하지 않더라도 '유有'와 '무無'를 버리지도 않는다. 그러므로 중생들과 한 빛 한 몸으로 어울려 다섯 갈래 중생이 사는 세상을 빠짐없이 골고루 돌기도 한다. 부처님의 세상 고요한 데서 중생계로 갔다가 홀연히 돌아오니, 편안하고 담박하여 할 일이 없지만 중생을 위하여 하지 않는 일도 없다."라고 하였다.

이것은 성인이 자비의 손길로 중생들을 위하여 다섯 갈래 나쁜 세상을 돌아다니면서, 그들을 맞이하여 교화하며 오고감이 있더라도, 오고가는 모습이 없는 것을 말한다.

'거짓 마음'은 그렇지 않으니, 그러므로 '참마음'과 '거짓 마음'은 같지가 않다. 또 '참마음'은 평상심이요, '거짓 마음'은 평상심이 아니다.

或曰 何名 平常心也.
혹왈 하명 평상심야

曰
왈

人人具有 一點靈明 湛若虛空 遍一切處.
인인구유 일점영명 담약허공 변일체처

對俗事 假名理性 對行識 權號眞心.
대속사 가명이성 대행식 권호진심

無分毫分別 遇緣不昧 無一念取捨.
무분호분별 우연불매 무일념취사

觸物皆周 不逐萬境遷移
촉물개주 불축만경천이

設使隨流得妙 不離當處 常湛然 覓卽知君不可見 乃眞心也.
설사수류득묘 불리당처 상담연 멱즉지군불가견 내진심야

문 : 무엇을 일러 평상심이라 합니까?

답 : 사람마다 그 무언가 신령스런 밝음을 다 갖추고 있으니, 맑고 맑으면서도 허공 같아서 모든 곳에 두루한 마음이다.

이 평상심을 세간에서 이야기 할 때는 '이성'이라 부르기도 하고, 분별하는 거짓 마음에 상대해서는 방편으로 '참마음'이라 부르기도 한다.

이 평상심은 조금도 분별이 없지만, 인연을 만나도 사리에 어둡지 않아서, 한 생각도 취하거나 버리는 것이 없다.

이 평상심은 만나는 경계마다 모두 두루 하나, 온갖 경계의 흐름을 좇아가지는 않는다. 설사 인연의 흐름 속에서 오묘한 도리를 얻더라도, 있는 자리를 떠나지 않고 언제나 맑고 고요하여, 찾는 즉 알게 되나 볼 수 있는 것은 아니니, 이것이 평상심 참마음이다.

或曰 何名 不平常心耶.
혹왈 하명 불평상심야

曰
왈

境有聖與凡 境有染與淨 境有斷與常 境有理與事 境有生與滅
경유성여범 경유염여정 경유단여상 경유이여사 경유생여멸

境有動與靜 境有去與來 境有好與醜 境有善與惡 境有因與果.
경유동여정 경유거여래 경유호여추 경유선여악 경유인여과

境有細論則 萬別千差 今乃 且擧十對 皆名不平常境也.
경유세론즉 만별천차 금내 차거십대 개명불평상경야

心隨此不平常境而生 不平常境而滅.
심수차불평상경이생 불평상경이멸

不平常境心 對前平常眞心 所以 名不平常妄心也.
불평상경심 대전평상진심 소이 명불평상망심야

眞心本具 不隨不平常境 生起種種差別 所以 名平常眞心也.[1]
진심본구 불수불평상경 생기종종차별 소이 명평상진심야

---

1. 조주 스님이 남전 스님한테 질문하기를 "어떤 것이 도입니까?"라고 하니, 답
변하기를 "일상의 마음이 도이니라."라고 하였다. 또 양광정이 위산 스님한테
질문하기를 "어떤 것이 도의 본래 청정입니까?"라고 하니, 답변하기를 "무심
이 도이니라."라고 하였다. 이 두 분의 말씀이 평범한 가운데 깊은 뜻이 들어
있으니, 일상의 마음이 무심을 벗어나지 않고 무심이 일상의 마음을 벗어나지
않는다.

문 : 무엇을 일러 평상심이 아니라고 합니까?

답 : 마주치는 경계에서 성인과 범부, 오염과 청정, 단멸과 상주, 이理와 사事, 생生과 멸滅, 동動과 정靜, 오는 것과 가는 것, 좋음과 싫음, 선善과 악惡, 인因과 과果의 분별이 있는 마음이다.

경계에 있는 것을 자세히 논하자면 천차만별이지만, 지금 열 가지 상대적 개념만 들어 모두 '평상심이 아닌 경계'라고 하였다.

중생의 마음은 이 '평상심이 아닌 경계'를 따라서 일어나고 없어지는 것이다.

'평상심이 아닌 경계를 가진 마음'은, 앞서 말한 '평상심 참마음'을 상대하는 개념이니, 그러므로 이를 일러 '평상심 아닌 거짓 마음'이라고 한다.

'참마음'이 본디 갖추어져 있기에, '평상심이 아닌 경계'를 따라 온갖 차별을 일으키지 않으니, 그러므로 이를 일러 '평상심 참마음'이라고 한다.

或曰 眞心平常 無諸異因 奈何佛說因果善惡報應乎.
혹왈 진심평상 무제이인 내하불설인과선악보응호

曰
왈

妄心 逐種種境 不了種種境 遂起種種心
망심 축종종경 불요종종경 수기종종심

佛說 種種因果法 治伏 種種妄心 須立因果也.
불설 종종인과법 치복 종종망심 수입인과야

若此眞心 不逐種種境
약차진심 불축종종경

由是 不起種種心 佛卽不說種種法 何有因果也.
유시 불기종종심 불즉불설종종법 하유인과야

或曰 眞心平常不生耶.
혹왈 진심 평상불생야

曰 眞心 有時 施用 非逐境生. 但妙用遊戲 不昧因果耳.
왈 진심 유시 시용 비축경생 단묘용유희 불매인과이

문 : 참마음은 평소에 늘 똑같은 마음이어 다른 인과가 없는 것인데, 어찌 부처님께서는 선악에 대한 인과응보를 말씀하셨습니까?

답 : 거짓 마음은 각양각색의 경계를 좇아 그 경계의 실체를 알지 못하고 마침내 온갖 중생의 마음을 일으키므로, 부처님께서는 온갖 인과법을 설하여 가지각색의 거짓된 마음을 다스리려고 인과를 내세워야 했던 것이다.

만약 참마음이 온갖 경계를 좇아가지 않는다면 이로 말미암아 각양각색의 거짓된 마음을 일으키지 않으므로, 부처님도 온갖 법을 설하지 않았을 터이니 여기에 무슨 인과가 있겠는가.

문 : 참마음이 평소에 늘 일어나는 것이 아닙니까?

답 : 참마음이 때로는 작용하지만 경계를 좇아가는 것은 아니다. 다만 미묘한 작용이 유희遊戲하여 인과에 어둡지 않을 뿐이다.

眞心所往

或曰
혹 왈

未達眞心人 由迷眞心故 作善惡因. 由作善因故 生善道中 由作
미 달 진 심 인 유 미 진 심 고 작 선 악 인 유 작 선 인 고 생 선 도 중 유 작

惡因故 入惡道中 逐業受生 其理不疑. 若達眞心人 妄情歇盡 契
악 인 고 입 악 도 중 축 업 수 생 기 리 불 의 약 달 진 심 인 망 정 헐 진 계

證眞心 無善惡因 一靈身後 何所依託耶.
증 진 심 무 선 악 인 일 령 신 후 하 소 의 탁 야

曰
왈

莫謂有依託者 勝無依託耶. 又 莫將無依託者 同人間飄零之蕩
막 위 유 의 탁 자 승 무 의 탁 야 우 막 장 무 의 탁 자 동 인 간 표 령 지 탕

子 似鬼趣無住之孤魂 特爲此問 求有依託耶.
자 사 귀 취 무 주 지 고 혼 특 위 차 문 구 유 의 탁 야

或曰 然.
혹 왈 연

15장. 시방세계가 오직 하나의 참마음일 뿐

문: 아직 참마음을 통달하지 못한 사람은 참마음을 모르므로 좋거나 나쁜 일을 하게 됩니다. 좋은 일을 하므로 좋은 데에 태어나고 나쁜 일을 하기에 나쁜 길로 들어가, 업에 따라 생사를 받는 그 이치에는 조금도 의심이 없습니다. 만약 참마음을 통달한 사람이, 거짓 알음알이가 다 떨어져 참마음과 하나가 된다면 좋고 나쁜 인因이 없을 것인데, 그 영가는 죽은 뒤 어디에 태어납니까?

답: 태어날 데 있는 것이, 태어날 데 없는 것보다 더 낫다고 말하고 있는 게 아닌가. 또 태어날 데 없는 것을 인간세상에서 떠돌아다니는 유랑자나 머물 곳 없는 귀신세계의 외로운 넋과 똑같이 생각하여, 특히 이 의문 때문에 태어날 데를 찾고 있는 것이 아닌가.

질문했던 스님은 "그렇습니다."라고 대답했다.

曰
왈

達性則 不然也.
달 성 즉 불 연 야

一切衆生 迷覺性故 妄情愛念 結業爲因 生六趣中 受善惡報.
일 체 중 생 미 각 성 고 망 정 애 념 결 업 위 인 생 육 취 중 수 선 악 보

假如天業爲因 只得天果 除合生處 餘竝不得 受用諸趣 皆爾.
가 여 천 업 위 인 지 득 천 과 제 합 생 처 여 병 부 득 수 용 제 취 개 이

旣從其業故 合生處爲樂 不生處爲非樂
기 종 기 업 고 합 생 처 위 락 불 생 처 위 비 락

以合生處 爲自己依託 不生處 爲他人依託.
이 합 생 처 위 자 기 의 탁 불 생 처 위 타 인 의 탁

所以
소 이

有妄情則 有妄因 有妄因則 有妄果
유 망 정 즉 유 망 인 유 망 인 즉 유 망 과

有妄果則 有依託 有依託則 分彼此 分彼此則 有可不可也.
유 망 과 즉 유 의 탁 유 의 탁 즉 분 피 차 분 피 차 즉 유 가 불 가 야

참마음의 성품을 통달하면 그렇지 않다. 모든 중생들은 깨달음의 성품을 모르므로, 거짓 알음알이와 좋아하는 마음으로 업을 짓고 육도에 태어나 선악의 과보를 받고 있는 것이다.

가령 천상의 업을 지으면 천상의 과보를 받을 뿐, 천상을 제외하고는 나머지 다른 곳에서는 이 업을 받아들일 수 없으니, 모든 중생계가 다 그러하다.

이미 지은 업을 따르므로 업과 맞아 떨어져 태어날 곳이 즐겁고, 태어나지 않을 곳은 즐겁지 않으니, 업과 맞아 떨어져 태어날 곳을 자신이 의탁할 곳으로 삼고, 태어나지 않을 곳은 다른 사람이 의탁할 곳으로 삼는다.

그러므로 거짓 알음알이가 있으면 거짓 인因이 있고, 거짓 인因이 있으면 거짓 과果가 있고, 거짓 과果가 있으면 의탁할 곳이 있고, 의탁할 곳이 있으면 나와 남이 나누어지고, 나와 남이 나누어지면 옳고 그른 것이 있게 된다.

今達眞心 契無生滅之覺性 起無生滅之妙用.
금 달 진 심 계 무 생 멸 지 각 성 기 무 생 멸 지 묘 용

妙體眞常 本無生滅 妙用隨緣 似有生滅.
묘 체 진 상 본 무 생 멸 묘 용 수 연 사 유 생 멸

然 從體生用 用卽是體 何生滅之可有.
연 종 체 생 용 용 즉 시 체 하 생 멸 지 가 유

達人 卽證眞體 其生滅何干涉耶.
달 인 즉 증 진 체 기 생 멸 하 간 섭 야

如水 以濕性爲體 波浪爲用.
여 수 이 습 성 위 체 파 랑 위 용

濕性元無生滅故 波中濕性 何生滅耶.
습 성 원 무 생 멸 고 파 중 습 성 하 생 멸 야

然 波離濕性別無故 波亦無生滅.
연 파 리 습 성 별 무 고 파 역 무 생 멸

지금 참마음을 통달하면 '생멸이 없는 깨달음의 성품[覺性]'과 하나 되어 '생멸이 없는 미묘한 작용'을 일으킨다.

오묘한 바탕은 진실하고 영원하여 본디 생멸이 없는 것이지만, 미묘한 작용은 인연에 따라 생멸이 있는 듯하다.

그러나 바탕에서 작용이 생기는 것이므로, 작용이 곧 바탕이니 무슨 생멸이 있을 수 있겠는가.

달인達人은 '참마음 바탕'을 증득한 분이니, 생멸이 어찌 그를 간섭할 수 있겠는가.

마치 물이 젖는 성품으로 바탕을 삼고 그 파도의 물결로 작용을 삼는 것과 같다.

젖는 성품에는 원래 생멸이 없으니, 그러므로 파도의 물결 속 젖는 성품이 어찌 생멸할 수 있겠는가.

하지만 파도의 물결은 젖는 성품을 떠나서 따로 없는 것이므로, 파도와 물결 또한 젖는 성품의 입장에서는 생멸이 없는 것이다.

所以 古人 云
소이 고인 운

盡大地是沙門一隻正眼 盡大地是箇伽藍
진 대 지 시 사 문 일 척 정 안 진 대 지 시 개 가 람

是悟理人 安身立命處 旣達眞心 四生六道[1] 一時消殞.
시 오 리 인 안 신 입 명 처 기 달 진 심 사 생 육 도 일 시 소 운

山河大地 悉是眞心 不可離此眞心之外 別有依託處也.
산 하 대 지 실 시 진 심 불 가 이 차 진 심 지 외 별 유 의 탁 처 야

旣無三界[2]妄因 必無六趣妄果 妄果旣無 說甚依託.
기 무 삼 계 망 인 필 무 육 취 망 과 망 과 기 무 설 삼 의 탁

別無彼此 旣無彼此則 何可不可也.
별 무 피 차 기 무 피 차 즉 하 가 불 가 야

卽十方世界 唯一眞心 全身受用 無別依託.
즉 시 방 세 계 유 일 진 심 전 신 수 용 무 별 의 탁

又 於示現門中 隨意往生 而無障碍.
우 어 시 현 문 중 수 의 왕 생 이 무 장 애

---

1. 사생육도는 태생胎生·난생卵生·습생濕生·화생化生으로 중생의 몸을 받으면
서 지옥·아귀·축생·수라·인간·천상의 육도에 윤회하는 것을 말한다.
2. 삼계는 우리 중생들이 사는 세상을 셋으로 나눈 것으로 욕계欲界·색계色界·무
색계無色界를 말한다. '욕계'는 음욕淫欲이나 식욕과 같은 세속의 욕망을 품고
사는 중생들의 세계이다. 지옥·아귀·축생·수라·인간세계를 비롯하여 하늘
나라 맨 밑에 있는 육욕천六欲天이 모두 여기에 해당한다. '색계'는 음욕과 식욕
을 벗어나 맑고 깨끗한 모습만 가지고 사는 중생들의 세계이다. 욕계 위에 있고
그 세상은 밝고 아름다운 느낌의 행복만 가득하므로 색계라고 한다. 이곳은 천
인들이 머물며 빛으로 음식을 삼거나 언어로 쓰기도 한다. '무색계'는 욕망이나
물질로 이루어진 세계가 아니고 오직 수受·상想·행行·식識 네 마음만 남아
있는 세상이다. 이 세계는 심식心識이 욕망이나 눈에 보이는 물질의 장애를 벗어
나 오직 오묘하고 깊은 선정에 있을 뿐이므로 무색계라고 한다.

그러므로 옛 스님께서 "온 대지가 수행자의 하나뿐인 올바른 안목이요, 온 대지가 하나의 수행터이며, 이치를 깨달은 사람이 편안히 쉴 곳이다."라고 하였으니, 이는 이미 참마음을 통달하여 중생계인 사생육도가 일시에 사라졌기 때문이다.

산하대지가 다 참마음이니, 이 참마음을 떠나 달리 의탁할 데가 있을 수 없기 때문이다.

이미 삼계三界의 허망한 '인因'이 없으니 반드시 육도의 허망한 '과果'도 없고, 허망한 '과果'가 없는데 무슨 의탁할 곳을 말할 수 있겠는가.

달리 너와 나의 구별도 없기에, 이미 너와 나의 구별도 없다면 무슨 옳고 옳지 않은 분별이 있겠는가.

곧 시방세계가 오직 하나의 참마음일 뿐이니, 온몸으로 받아들여 달리 의탁할 곳이 없기 때문이다.

또 부처님의 가르침을 드러내는 데서 마음먹은 대로 태어나니 장애 될 것이 없기 때문이다.

故 傳燈[1] 云 溫燥尚書 問圭峯 曰
고 전등 운 온조상서 문규봉 왈

悟理之人 一期壽終 何所依托.
오 리 지 인 일 기 수 종 하 소 의 탁

圭峯曰
규 봉 왈

一切衆生 無不具有靈明覺性 與佛無殊. 若能悟此性 卽是法身
일 체 중 생 무 불 구 유 영 명 각 성 여 불 무 수 약 능 오 차 성 즉 시 법 신

本自無生 何有依託. 靈明不昧 了了常知 無所從來 亦無所去.
본 자 무 생 하 유 의 탁 영 명 불 매 요 요 상 지 무 소 종 래 역 무 소 거

但以空寂爲自體 勿認色身[2] 以靈知爲自心 勿認妄念. 妄念若
단 이 공 적 위 자 체 물 인 색 신 이 령 지 위 자 심 물 인 망 념 망 념 약

起 都不隨之則 臨命終時 自然 業不能繫. 雖有中陰 所向 自有
기 도 불 수 지 즉 임 명 종 시 자 연 업 불 능 계 수 유 중 음 소 향 자 유

天上人間 隨意寄託.
천 상 인 간 수 의 기 탁

此卽眞心 身後所往者也.
차 즉 진 심 신 후 소 왕 자 야

---

1. 『전등록』또는『경덕전등록景德傳燈錄』이라 하며 송 경덕 원년(1004)에 오吳
   나라 사문 도원道原이 30권으로 편집한 책이다. 내용은 석가여래와 조사 스님들
   의 법맥과 법어를 기록한 책이다. 이것이 효시가 되어 뒤에 이를 본떠 여러 가지
   책이 만들어졌다.
2. '색신色身'은 '법신法身'에 상대되는 개념이다. 색신은 '모습이 있는 것'이요 법
   신은 '모습이 없는 것'이다. 색신은 지수화풍 사대四大가 서로 어울려 부모로부
   터 태어난 것이니 모습이 있어도 끝내 흩어지거나 사라진다.

그러므로『전등록』에서 온조상서가 규봉 스님께 "이치를 깨달은 사람은 수명이 다하면 어디에 태어납니까?"라고 묻자,

규봉 스님께서는 다음과 같이 말씀하셨다.

"모든 중생들이 '신령스럽고 밝은 깨달음의 성품'을 다 갖추고 있지 않은 사람들이 없어 부처님과 다를 것이 없다. 이 성품이 법신임을 깨달으면 본디 생멸이 없으므로 어디에 의탁할 것이 있겠느냐. 신령스레 밝아 어둡지 않고 늘 분명하게 알되 온 곳도 없고 갈 곳도 없다. 다만 공적空寂으로 자체를 삼을 뿐 색신을 인정하지 말고, 신령스런 앎으로 자기 마음을 삼을 뿐 망념을 인정하지 말라. 망념이 일어날 때 조금도 따라가지 않는다면 목숨을 마칠 때 자연스럽게 업에 매이지 않는다. 설사 죽더라도 가는 곳이 자유로워 하늘이나 인간 세상에 마음대로 태어난다."

이것이 '참마음'이니 이 몸 뒤에 갈 곳이다.

찾아보기

가

각지覺智 75

각찰覺察 75

『경덕전등록』 154

관계 스님 83

구지 스님 59

규봉 스님 49, 155

『금강경』 35

『금강반야경』 123

『금광명경』 35

『기신론』 17, 29, 35, 45, 97, 101, 119

나

나융懶融 선사 129

내외전용內外全用 89

내외전체內外全體 87

『능엄경』 32, 33

니우泥牛 43

다

『단경』 17

달마 대사 53

대다라니문 49

대승교大乘敎 23

덕산 스님 15

도오 스님 59

돈교頓敎 24

마

마니보주摩尼寶珠 64

마라나 존자 55

마명 보살 17

마조 스님 14, 58, 78, 126, 127

모니주牟尼珠 41

몰현금沒絃琴 41

묘고봉 17

무근수無根樹 41

무기無記 12, 91

무상법왕無上法王 49

무수쇄無鏁鎖 43

무심無心 71, 73

무위국無爲國 41

무저발無底鉢 39

무주상 보시 123

무진등無盡燈 41

민경존심泯境存心 81

민심민경泯心泯境 83

민심존경泯心存境 79

바

바라밀 49

『반야경』 17, 29, 33, 35

방 거사 79

『방광반야경』 45

배휴 67

『범망경』 33

범부 45

법계 35

법등 스님 107

법신法身 34, 35, 154

법안문익法眼文益 104, 105

『법화경』 85

보리 33

보살 45

보신報身 34

불이법문不二法門 52

비마 스님 59

사

사대四大 111

사료간 78

사마타 수행 100, 101

사생육도 152

사조도신 스님 129

사지四智 124

삼계 152

삼승 50

삼신사지三身四智 125

삼천대천세계 29

서암瑞巖 스님 38

석공 스님 59

석상 스님 76

성문 44, 45

『성유식론』 21

소승교 22

수다라 36

수료 화상 127

수보리 53

『승만경』 37

승조 스님 87

승찬僧燦 스님 24, 25, 135, 139

『신심명』 24, 25, 75, 135, 139

심인心印 43

심지心地 33

아

여래 35

여래장如來藏 37, 104

여여 35

연각 44, 45

연수延壽 37

연좌宴坐 100

『열반경』 35

영가 스님 27, 71, 89, 91, 101, 105, 125

영명 선사 27, 51

영산회상거염화靈山會上擧拈花　52

오성五性　50

오조황매 스님　16, 17

『요의경』　37

용제소수龍濟紹修　112

운암 스님　59

『원각경』　37, 49, 69, 101, 105, 111, 113

원각圓覺　37, 49

원교圓敎　24

유마 거사　53

『유마경』　52

『유심결』　37, 51

육도六度　22

육바라밀　22, 23, 48

육조 스님　17

육진六塵　111

인경구불탈人境俱不奪　78, 85

인경구탈人境俱奪　78

인경양구탈人境兩俱奪　83

인지법행因地法行　104

인천교人天敎　22

임제 스님　15, 82

자

자은 스님　67

장자　71, 81

『전등록』　155

『정명경』　35

『조론』　67, 139

조사　12

조주 스님　142

존심존경存心存境　85

중도中道　24, 136, 137

즉체즉용卽體卽用　91

『증도가』　27, 71, 89, 101, 105, 125, 137

지공 선사　27, 89

진여　35

차 · 타 · 파

총지　37

취모검吹毛劒　41

탈경불탈인奪境不奪人　78, 81

탈인불탈경奪人不奪境　78, 79

투출체용透出體用　93

팔해탈　125

평상심　141

하

할喝　15

화신化身　34

『화엄경』　15, 21, 35

휴헐休歇　77

혼주 스님　59